원담,

제주 바다를 담은 그릇

이 책은 '**2020 NEW BOOK 프로젝트**-협성문화재단이
당신의 책을 만들어드립니다.' 선정작입니다.

원담,

제주 바다를
담은 그릇

정은희

ᄒᆞ밀밭

일러두기

- 65세 이상은 '어르신'으로 호칭하고 그 외는 이름만 작성하였습니다. 양해 바랍니다.
- 정보제공자 중 몇 분은 가명으로 하였습니다.
- 제주도 방언이나 단어에 대한 부연 설명은 본문의 [괄호] 안 또는 각주를 활용하였습니다.
- 저자가 직접 찍은 사진은 별도의 표기를 하지 않았으며, 그 외의 사진은 출처를 표기하였습니다.

시작하며

바다와 기차 여행을 좋아하는 나는 늦가을 기차를 타고 한번은 서해안으로 다음에는 동해안과 남해안의 바다를 찾아가곤 했다. 가을 바다는 뜨거운 여름 태양 아래 휴가를 즐기고 떠난 후라 한적했다. 그런 가을 바다를 나는 더 좋아한다. 동행한 사람 없이 혼자여도 바다가 있어서 좋았다. 해안가에 앉아 물마루 너머를 바라보며 꿈을 찾고, 복잡한 도시를 벗어나 쉼이 있는 시간을 즐겼다. 마침 비라도 내리면 바다 여행은 금상첨화였다. 내리는 빗줄기를 모두 받아들이는 바다를 바라보며 더 평온해진 마음으로 모래사장을 걸었다.

어느덧 중년이 된 나는 지금 제주 바다를 만끽하고 있다. 보고픈 바다에 가기 위해 기차를 타지 않아도 된다. 부엌문을 열면 바다 내음이 코를 자극하고 포구에 정박한 배들과 짙은 청색의 바다가 두 눈에 가득하다.

자주 찾던 서해안의 넓은 모래사장과 다르게 제주 바다는 다양한 모양의 기암괴석과 부드러운 몽돌, 모래들이 어울려 때로는 웅장하고 어느 곳은 아기자기한 재미가 있어 사랑스럽다.

집 앞 바다로 나가 바위에 걸터앉아 노래를 흥얼거리며 드넓은 바다를 품에 안았다. 바다는 치유의 힘을 갖고 있는 것일까. 많은 생각들로 마음이 어수선할 때 바다를 보면 편안해진다.

한참을 앉아 있으면 물속에 잠겨 있던 돌들이 서서히 모습을 드러낸다. 눈에 보이지 않던 깅이[게]와 밥게[갯강구][1]들은 바닷물이 물러나니 숨바꼭질을 끝내고 바쁘게 움직인다. 보말과 군벗들은 바위에 달라붙어 태양을 맞이한다.

바닷물이 물러나며 점점 드러나는 돌들 속에서 낮게 타원형으로 쌓아놓은 돌담의 형태를 보았다. 돌담은 담 안의 공간이 넓게 확보될 수 있도록 마을 쪽에 있는 돌을 의지해서 바닷가 쪽에 쌓여 있었다.

담 안의 물이 빠져 바닥이 드러나고 있을 때, 보이지 않던 사람들이 한 명, 두 명 나타나 담 안으로 들어가 무엇인가를 잡기 시작했다. 서울에서 나고 자란 나는 처음 본 그 모습이 신기하고 호기심이 생겼지만 선뜻 다가가지 못하고 멀리서 바라보기만 했다. 그곳이 제주의 전통 어로 장치인 '원담'이라는 것을 나중에 알았다.

세월이 흐르며 제주 바다와 함께하는 시간도 길어졌다. 제주에서 처음 생활할 때는 사람들이 원담 안에 들어가는 모

1 우리나라 전 해안에서 흔히 볼 수 있다. 수십 마리에서 수백 마리가 무리 지어 살고 있다. 생긴 모양이 바퀴벌레를 닮아서 바다의 바퀴벌레라고도 한다.

습을 바라만 보았는데 어느 해부터인가 나는 그들과 함께 원담 안에 있었다. 썰물이 되면 원담 주변에서 보말[고둥]을 잡고 바쁘게 지나가는 갯강구를 보고도 징그럽게 느껴지지 않았다. 갯강구가 해안을 정화시켜 준다는 것을 알고 난 후부터는 그것들이 반갑기까지 했다.

30년 전 제주가 고향인 남편을 따라 제주로 왔다. 연애 시절 남편이 보내온 글 속에서 제주의 어촌을 만나곤 했었다. 제주로 이주한 뒤 새벽이면 이웃집 삼촌이 모는 경운기 소리에 잠을 깨고, 하루 두 번 뱃동서[한 배를 타고 고기잡이를 하는 사람]들이 배를 타고 덤장[물고기가 다니는 길목에 막대를 박아 그물을 울타리처럼 쳐두고 그물 안으로 들어온 고기가 나가지 못하게 설치한 것]으로 향하는 모습이 익숙해지며 어느새 어촌 마을 사람이 되어가고 있었다.

1990년대 초 애월읍 군냉이 포구의 여름 한낮 풍경, 덤장에서 걷어온 그물의 그물코를 잣기[그물구멍 꿰매기] 위해 뱃동서들이 모여 앉았다. 뱃동서들은 여름의 뜨거운 태양을 머리에 이고 아침에 걷어 올린 그물의 터진 부분을 꿰매며 바쁘게 손을 움직이고 있었다. 터진 구멍을 막아놔야 저녁 덤장에 사용할 수 있었다. 나는 그분들에게 시원한 음료수를 드리며 그물코 잣는 법과 고기 잡는 방법에 대해 물어봤다. 뱃동서들은 규칙적인 손놀림을 하며 자세히 설명해 주었다. 결혼 전 어촌 생활을 접할 기회가 없었던 나는 열심히 듣기는 했으나 다 이해하지는 못했다.

포구에서 그물코 작업이 끝나 바다에 나갈 준비를 마치면 뱃동서들은 흩어져 각자의 일상으로 돌아갔다. 세우리[부추]나 마늘, 보리 등 밭작물을 관리하기 위해 밭으로 갔다. 좀녀들도 바다 물질[좀녀들이 해산물을 채취하기 위해 바닷속에 들어가 일하는 것]이 끝나거나 바다에 들어가지 않는 날은 밭에 나가 일을 한다.

내가 직접 물고기를 잡으러 바다로 나가지는 않았지만 물때에 맞춰 그물을 손질하며 고기를 잡고, 계절에 맞춰 밭농사를 짓는 반농반어半農半漁를 하는 시댁에서 익숙하지 않던 제주 생활이 일상이 되어 갔다.

시아버지는 새벽이면 덤장의 그물을 걷어와 선창[포구]에 내렸다. 그물에서 거두어진 고기 중 일부는 새벽 배 들어오는 시간에 맞춰 나온 사람들에게 바로 팔았다. 팔고 남은 고기들을 집으로 가지고 오신 그날 아침 밥상엔 생선 반찬이 올라왔다. 어느 날, 시어머니는 아버님이 가져온 것 중 큰 멜[멸치]을 골라 튀김을 해주셨다. 재료의 특별함이 없이 그냥 밀가루 반죽을 묻혀 튀기기만 했는데도 뜨거워 입천장이 벗겨지는 것도 모르고 먹을 정도로 고소하면서 베지근[2]했다. 재료의 싱싱함에 어머니

2 당시에는 베지근하다는 맛의 느낌을 알지 못했다. 제주 사람들은 생선의 뱃살부분을 먹을 때나 갈칫국을 먹을 때 "베지근하지 않냐"고 물었다. 말로는 알겠는데 맛으로 느끼기에는 어려웠다. 제주에서 10여 년을 생활하고 있을 때서야 맛의 느낌을 알았다. 베지근한 맛은 '기름지지만 느끼하지 않고 깊은 맛이 있는 담백함'이라고 나는 말한다.

의 투박한 손맛이 더해져 튀김의 맛을 좌우한 것이리라.

원담 주변에서 채취한 성게는 물 부엌[3]에 펼쳐놓고 칼로 반을 갈라 성게알을 작은 스푼으로 떠서 먹었다. 잡은 즉시 먹는 노오란 색 성게알의 첫맛은 짭짤하면서 비릿했다. 그러나 곧 전해지는 고소함과 바다 냄새가 나는 성게 맛은 제주로 시집온 육지 며느리에게는 경이로운 맛이었다.

제주에서는 생선과 미역을 넣어 국을 끓이고 특별하게 가미되는 것 없이 날된장을 물에 풀어 냉국을 만든다. 냉국에는 오이만을 채 썰어 넣거나 바다에서 바로 건져 올린 돌미역을 삶지 않고 넣는다. 끓이지 않은 된장국은 처음 먹어봤다. 된장을 끓이지 않고 국으로 먹을 때 비릿한 맛이 날 것 같았는데 속 재료의 신선함과 어울려 시원하고 맛있었다. 서울에서는 전혀 맛보지 못했던 색다른 맛을 느낄 수 있었다.

결혼 전 인사차 제주에 왔을 때 당시 손님이었던 예비며느리를 대접하기 위한 밥상에 늙은 호박을 넣어 끓인 갈칫국이 나왔다. 갈치구이나 조림만을 먹어봤던 나는 국물에 하얗게 떠오른 갈치 비늘을 보고 갈칫국에 차마 수저를 댈 수가 없었다. 그런 나를 보고 시아버지는 고기만 건져서 먹으라고 말씀해 주셨다. 지금은 갈칫국의 베지근한 맛을 예찬하면서 나도 갈칫국으

3 제주에서는 수도가 설치되어 있고 허드렛것을 장만하는 공간을 물 부엌이라 한다.

위·하귀포구
아래·포구에서 그물짓기 ⓒ 홍정표

로 손님 대접을 하지만 당시에는 처음 접하는 음식의 조합에 당황했었다. 어떤 상황이든 빠르게 적응하는 장점을 가지고 있었던 나였지만 익숙하지 않은 제주 음식 문화에 적응하기는 쉽지 않았다.

제주의 음식 문화와 더불어 제주어는 이주민인 나에게 낯설게 다가왔었다. 결혼하고 제주에 와서 처음 지내는 제사 때 시어머니의 "밥 메기~?"라는 질문에 나는 아무 대답도 할 수 없었다. 내가 아는 메기는 친정아버지가 좋아하셨던 민물고기밖에 없었다. 다시 들려오는 질문에도 영문을 모르니 조용히 있었다. 이어서 들려오는 "밥통에 밥 있니?"라는 말을 듣고서야 반사적으로 "네, 있어요"라고 대답했다.

메기라고 들은 말은 '매기'로, 어떤 대상의 상태가 다 되어 없음을 말하는 제주어였다. 상황에 따라 제주어를 이해하곤 했지만 이러한 말은 맥락으로도 이해하기 어려웠었다. 제주 정착 30년이 된 지금은 밥을 먹고 나서 밥그릇을 보이며 매기독닥[밥을 깨끗하게 먹어서 밥알이 하나도 남지 않았다]이라는 말을 자연스럽게 하게 되었다.

제주의 주거문화에 안거리와 밖거리가 있는 집이 있다. 한 울타리 안에 부모님은 안거리에서, 결혼한 아들 가족은 밖거리에서 생활한다. 마당을 사이에 두고 각각 독립된 공간에서 생활하며 서로 간섭하지 않는다. 부엌도 나뉘어 식사도 따로 한다. 그것은 스스로가 오몽할[움직일] 수 있을 때까지는 자식에게

의존하지 않으려는 제주 부모님들의 강한 자립심을 보여 주는 것이다.

10여 년간 안거리와 밖거리에서 시부모님과 함께 생활을 해보니 제주 주거문화의 지혜로움을 알 수 있었다. 그 기간이 나에게는 제주문화를 깊게 접하고 이해할 수 있었던 중요한 시기였다. 한 번은, 동네에서 만난 어른에게 "삼춘 어디 감수꽈[가십니까]" 하고 남편이 인사를 해서 그분과의 촌수를 물어본 적이 있다. 남편은 "친척은 아니고 이웃에 사는 어른이면 모두 삼춘이라 부른다"고 했다. 이는 제주공동체에서 이웃 간의 특별한 관계를 보여주는 대표적인 인사였다.

제주에 여행 온 사람들은 여행길에 해안 풍광風光 속에서 많은 돌을 본다. 제주가 화산섬이어서 돌이 많을 것이라 생각하며 해안가를 스쳐 지나간다. 해안가에는 화산 폭발 시 들끓었던 마그마의 분출물이 외부의 자극을 받아 굳어진 다양한 모양의 용암들이 넓게 펼쳐져 있다. 그곳에는 제주 사람들의 생활 어로 장치인 '원담'도 있다. 원담은 제주 사람들이 전통적인 방법으로 고기를 잡던 장소다. 제주 해안에는 거친 돌이 많아 섬유로 만든 그물을 사용할 수 없다. 돌로 쌓아진 담이 고기를 가두는 그물 역할을 했다.

제주시 애월읍에 있는 '새원'과 '묵은원' 주변에서 우리 가족은 보말을 잡기도 했었다. 할아버지와 함께 보말을 잡던 아이들은 바닷가에 있는 것들을 모두 신기해했다. 사람의 발자국에 놀라 달아나는 갯강구와 깅이를 잡으려 아이들이 뛰어다니지만 그것들은 재빠르게 바위틈으로 숨어버렸다. 할아버지한테 배운 대로 바위에 붙은 보말을 떼 내려 하지만 그리 쉽지 않아 보였다. 돌에 더 강하게 붙으려는 보말과 씨름하는 아이들을 보며 할아버지 입가에 행복한 미소가 흘렀다.

잡은 보말은 집으로 가져와 삶아서 삼대三代가 함께 간식으로 먹었다. 가족이 둥그렇게 둘러앉아 보말 빨리 빼먹기를 하며 함빡 웃었던 시간들. 어느덧 20여 년의 세월이 흘러 성인이 된 아이들이 모여 원담에서 할아버지와 같이 보말을 잡아 이쑤시개와 바늘로 빼먹었던 추억들로 이야기꽃을 피웠다.

오래전 어느 날, 채 어둠이 가시기 전에 새벽잠 없는 누군가의 "멜 들엄져" 하는 외침 소리에 올레는 이내 발자국 소리로 어지러워졌다. 집마다 사람들이 족바지나 바가지 등을 들고 원담으로 달려가는 것이었다.

원담 안에는 떼를 지어 빙빙 돌고 있는 멜들로 인해 은빛 세상이었다. 사람들은 땀과 바닷물로 옷이 젖는 것도, 은빛 비늘이 온몸에 달라붙는 것도 아랑곳없이 멜 떼를 쫓는데 몰입을 했다. 한바탕 소동이 끝나면 사람들은 각자 가지고 갈 만큼 담아 갔다. 이런 광경은 사라지고 지금은 사람들의 기억 속 역사가 되어 그때는 그랬었다는 회상으로만 남아 있다.

원담에서 멜이 많이 잡힐 때는 멜을 거름으로 사용하기도 했다. 김성백(남, 1937년생) 어르신은 "멜을 말려서 밭에 뿌리기도 하고 멜과 불을 피우고 난 재와 섞어서 거름으로 썼다. 재와 섞어 묵히면 냄새도 덜 난다"고 했다. 문공염(남, 1936년생) 어르신은 "거름으로 사용하는 멜은 징어리멜을 주로 사용했다. 사람의 소변을 오줌단지에 받았다가 오줌항아리로 옮겨 멜과 불 재를 적당히 섞어서 1개월 이상 발효를 시킨다. 오줌항아리 주변에선 고약한 냄새가 났다. 불 재는 가리성분이 풍부하여 그만한 거름이 없다"고 한다.

제주에서는 인분뇨人糞尿도 허투루 버리지 않았다. 돗통시 바닥에 보리 짚을 넣은 후 그 위에 쌓인 돼지 배설물과 인분을 발효시켜 돗거름을 만들었다. 돗통시는 돌로 담을 쌓아 그 안에 돼지를 가두어 키우던 곳이다. 돗통시 구석에 돌담을 쌓고 그 위에 디딤돌을 올려 화장실로 사용했다.

제주 마을은 크게 중산간 마을과 해안 마을로 구분할 수 있다. 중산간 마을은 '웃드르'라 하고 해안 마을은 '알드르'라고 한다. 중산간 마을에서는 밭농사를 주로 했고 해안 마을에서는 바다가 그들의 밭이었다. 제주도 해안지형은 어패류와 해조류들이 서식하기 좋은 환경이다.

사람들은 물때에 맞춰 원담 안과 밖에서 전복, 소라, 미역, 천초 등을 채취하고 멸치, 우럭, 낙지, 문어, 보말 등을 잡았다. 한 어르신은 "옛날엔 해안선 부근 어디에 가도 그곳에는 물 반, 고기 반이었다. 하지만 지금은 해안가에 자유롭게 들어갈 수도 없고 개인적인 채취도 제한하고 있어 너무 아쉽다"고 말했다.

나는 제주의 마을을 다니며 자연 자원의 원형을 조사하고 사람들을 만나 그들이 사는 이야기를 들었다. 마을 어르신의 이야기를 들을수록 그분들의 기억 속에 있는 제주 문화 원형이 점점 변형되고 사라지고 있는 현실이 안타까웠다. 서귀포시의 한 좀녀는 "마을 살린 덴 허영 새로 물통[4]을 해 놓으난 오꿋 물 구멍도 막아 불고, 물의 흐름이 원활하지 않아 물도 썩어 부런. 허지 말 걸 후회 햄서. 신당神堂도 경허연[마을 살린다고 물통을 새로 만들며 물이 나오는 구멍을 막고, 물의 순환이 안 되어 물이 썩었다. 하지 말 걸 후회한다. 마을신을 모시는 당도 그렇게 되었다]"이라고 하며 안타까워하는 목소리도 들었다.

원담 주변엔 용천수[땅 밑에서 지표면으로 솟아나는 물]가 나오는 곳이 많았다. 수도가 설치되기 전 용천수는 제주 사람에겐 중요한 식수원이었다. 그 물은 생활용수로 사용했을 뿐만 아니라 가족의 무사 안녕을 기원하기 위해 신神에게 정성을 드릴 때 '정한수'로도 사용했다.

무분별한 개발로 인해 식수원이었던 물통과 원담이 사라지는 것은 단순히 해양 돌 문화가 없어지는 것이 아니다. 조간대가 개발에 묻히고 오염될 때 그 속에서 살고 있던 바다생물들의 서식처가 없어지는 것이다. 해양생태계의 먹이사슬에 혼란이

4 용천수가 솟는 곳을 2개나 3개의 칸으로 나누어 첫 칸의 물은 식수로 이용하고 두 번째는 채소를 씻고, 다음 칸에서는 목욕을 하거나 빨래를 하는 곳으로 구분해서 돌담을 쌓아놓은 곳을 물통이라 한다.

위·엉물과 장수원
아래·귀덕리 물통

오고 어촌 주민들의 생계 장소였던 바당밭의 일부분을 잃어버리는 것이다.

원담은 해안 마을 공동체의 상징이기도 하다. 공동체의 상징 장소인 원담은 제주 사람이 서로 공존하는 법을, 자연과 교호交互하고 상호 협동하는 사회적 관계를 가르쳐준 공간이다. 자연이 주는 선물에 욕심을 내어 많이 잡기보다는 적절한 양을 수확하고 마을 사람이 함께 나누는 미덕이 원담에는 있었다. 지금은 아련한 기억이 되었지만 원담 안에 많은 멜이 들어올 때만 해도 원담에서의 고기잡이는 마을공동체의 모습을 잘 보여주었다.

원담을 기억하고 있는 분들의 이야기를 듣기 위해 해안 마을을 다니며 원로들을 만났다. 그분들께 원담을 중심으로 마을 공동체에서 활동했던 귀중한 이야기를 듣고 그 이야기를 풀어냈다. 원담과 사람들을 사진에 담아내고 문헌 속의 기록과 원담에서 잡았던 어패류에 대해 조사하고 그것을 이용한 제주의 식食 문화에 대해 정리하였다.

이 글이 점점 사라지고 있는 제주의 자연경관과 선조들의 지혜가 깃들어 있는 해양 돌 문화인 원담에 관심을 갖고 사랑하는 계기가 되기를 바란다.

도두동 요매기원

차례

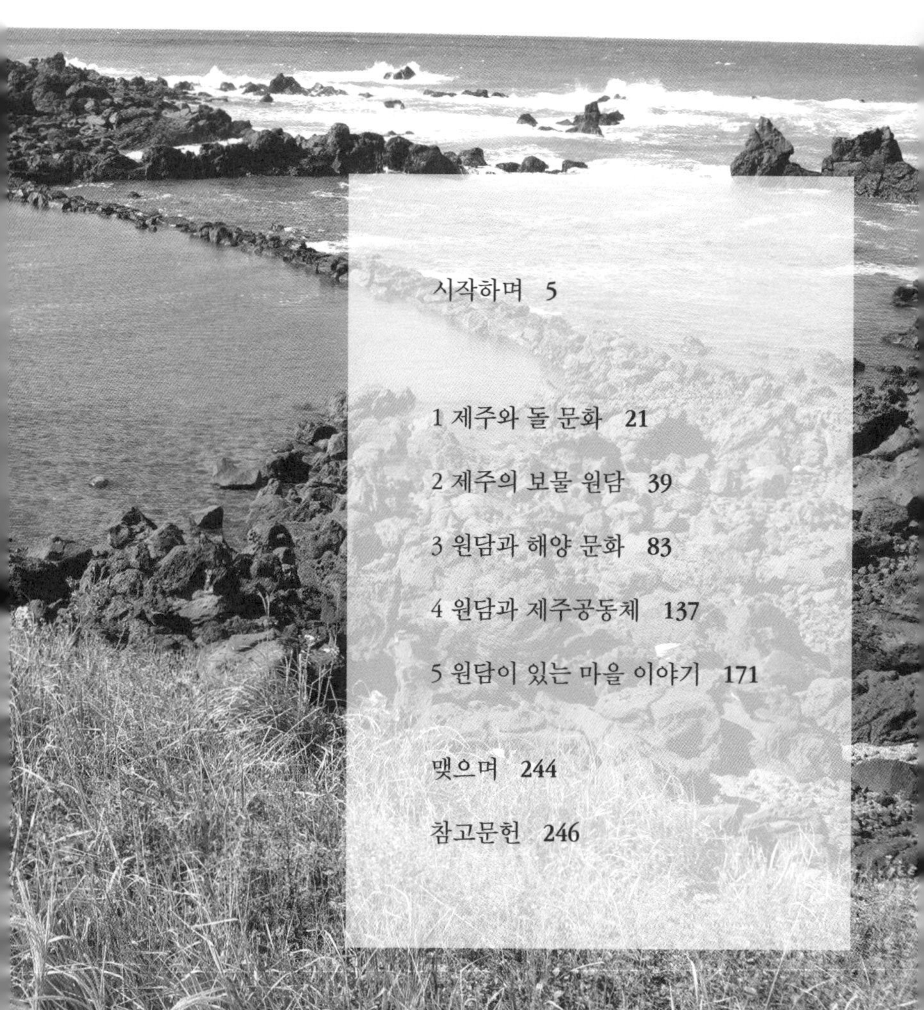

시작하며 5

1 제주와 돌 문화 21

2 제주의 보물 원담 39

3 원담과 해양 문화 83

4 원담과 제주공동체 137

5 원담이 있는 마을 이야기 171

맺으며 244

참고문헌 246

1

제주와 돌 문화

제주도는 한반도의 남서 해상에 위치해 있다. 대한 해협을 사이에 두고 동쪽으로 일본, 서쪽으로 중국과 마주하며, 남쪽으로 동중국해와 면하고 있다. 한국·중국·일본 등 극동아시아 지역의 중요한 위치에 있다. 제주도의 넓이는 1,845.60km²로 남한 면적의 약 2%에 해당한다. 제주도는 동서의 길이가 약 73.3km이며, 남북의 길이는 약 41.0km로 타원형으로 생긴 섬이다.[1]

제주도는 제주도 본섬과 8개의 유인도, 71개의 무인도로 이루어졌다. 유인도는 섬이 소 모양을 닮았다는 '우도'와 화살대와 죽순이 많이 나서 죽도라 불렀던 '비양도', 조기와 멸치젓의 맛이 좋기로 유명한 '추자도'가 있다. '가파도'는 섬 모양이 덮개 모양이라 개도蓋島라 불리고 해마다 보리가 익어갈 때는 청보리 축제가 열린다. '마라도'는 섬 전체가 천연기념물 제423호로 지정된 대한민국 최남단에 있는 유인도이다. 무인도는 차귀도, 관탈섬, 토끼섬, 범섬, 형제섬, 섶섬, 다려도 등 71개가 있다. 차귀

1 정은희, 『제주 이주민의 역사』, 서귀포문화원, 2016, 32~34쪽.

위·마라도
아래·차귀도와 고기잡이 배

도는 1970년대 말까지 사람이 살았었으나 현재는 무인도로 섬에 들어가면 2시간 정도 둘러보고 나와야 한다. 관탈섬은 주변 해역의 고기가 크고 많아 낚시꾼들이 가고 싶어 하는 섬이다.

화산섬 제주도가 생기기 이전에 제주도는 굳어지지 않은 점토와 모래층[U층]이 있던 얕은 바다였다. 제주도의 지질구조가 형성된 것은 신생대 3기 플라이오세에서 4기 플라이스토세 사이에 있었던 화산 분출로 이루어진 것으로 알려져 있다. 화산 활동으로 생긴 화산 쇄설물들은 파도에 의해 쉽게 깎이거나 밀려나가 해안 주변에 다시 쌓이고 그곳들은 다양한 해양생물의 서식터전이 되었다. 제주에서는 해산물을 얻는 바다를 '바당밭'이라고 한다. 땅에서 보리를 심으면 보리밭, 밀을 심으면 밀밭이라 하듯이 바다에서는 미역이 많은 곳은 메역밭[미역밭], 소라가 많이 잡히는 곳은 구젱기밭[소라밭]이라고 한다. 땅에서는 소유자 주도로 일을 하지만 바당밭에서는 협업하여 일을 했다.

제주도의 기반암은 화강암이다. 화강암 위로 화산암이 분출하여 섬이 만들어졌고 현무암이 제주도 지표면의 90% 이상을 덮고 있다. 제주 사람들은 척박하고 돌이 많은 땅을 변변한 도구도 없이 개간하여 곡식을 심었다. 힘든 작업이었지만 개인의 부지런함과 마을공동체 구성원들이 협동하여 농사지을 땅을 만들었다. 그러나 현무암과 화산송이로 이루어진 돌의 특성상 비가 많이 와도 물이 고이지 않고 빠르게 땅속으로 스며들며, 건조한 토양은 뿌린 씨앗이 바람에 날려가기도 하여 농사를 짓기 힘들었다. 대부분 밭농사였고 서귀포 하논지구나 강정 등 일부 지역에서 논농사가 이루어졌지만 논농사를 짓는 지역이 협소하고 쌀의 수확량이 적어 부족한 쌀은 한반도 본토에서 공급받았다. 운송수단이 발달하지 못한 옛날에는 풍선風船으로 쌀을 운송하는 도중 풍랑을 만나 배가 되돌아가거나 좌초되는 경우가 많았다. 적절한 시기에 생필품을 공급받지 못한 제주 사람들의 삶은 더욱 힘들었다.

이건은『제주풍토기』에서 "섬 안의 토지는 모두 모래와 돌들이 쌓여 있는 삼각지砂磧라 밭이 매우 척박하여 콩이 팥 모양으로 작고 그 빛은 검다. 팥의 알맹이 크기는 녹두 정도인데 그 빛은 황두와 같이 희고, 붉은 팥은 전혀 없다. 밀과 보리는 여물지 않아서 피稊稗 모양을 하고 있다. 논은 원래부터 없어 섬 안에서 가장 귀한 것이 쌀이다. 관가에서는 매년 쌀을 충청도와 전라도에서 사서 선박으로 운반해 온다. 이 쌀은 관가의 공물이나 귀양살이하는 사람의 급료에만 사용했다"[2]고 기록했다. 당시 농사를 지어도 거둬들이는 양이 형편없었으며 그나마 육지에서 들여오는 쌀은 지방관과 죄인으로 유배 온 양반들의 몫이었다.

제주에서는 지속되는 지방관의 폭정과 과도한 수탈,

2 이건, 「제주풍토기(濟州風土記)」, 『탐라문헌집』, 제주도교육위원회, 1976, 196쪽.

조세 부담의 증가로 민란도 발생했다. 1153년 중앙정부에서 수령이 파견된 후 일어난 탐라 최초의 민란은 1168년 양수가 일으킨 난이다.[3] 1202년 번석·번수 형제가 주동이 된 민란과 1813년 일어난 양재해 모반사건, 1862년 강제검의 난, 1898년 방성칠의 난과 1901년 이재수의 난 등 제주의 민중운동은 척박한 땅에서 살아남기 위한 항변이었을 것이다.

제주도 중앙에 우뚝 솟아 굳건한 모습으로 섬을 지키고 있는 한라산은 남한에서 제일 높은 산이다. 제주 사람들은 새 생명을 잉태하거나 출산할 때 한라산의 정기를 받는다고 믿었다. 제주에 흐르는 물줄기의 근원지도 한라산이며 명당자리를 찾을 때 한라산의 기운을 받는 풍수인지를 살핀다.

한라산은 남태평양에서 불어오는 태풍이 한반도 내륙 지방으로 가는 것을 막아주는 방파제 역할도 한다. 제주로 불어오는 강한 바람이 한라산에 부딪혀 세력이 약해지거나 바람의 방향을 바꿔 놓기도 하기 때문이다. 때로는 섬으로 바람을 맞아들여 섬사람들을 힘들게도 하지만 비구름을 몰고 와 가뭄을 해소해 주기도 했다.

해안 마을 사람들은 바닷가에 서식하고 있는 생물들의 움직임을 보고 날씨를 예측하기도 한다. '파도 쎄젱 ᄒᆞ민 미[해

3 김석익, 『탐라기년』, 제주문화원, 2015, 55쪽.

위·산방산과 한라산
아래·유채꽃과 한라산

삼] 오그라들곡, 구젱긴[소라는] ᄌᆞ그믓이 ᄃᆞᆯ라붙는다', 'ᄀᆞᆷ수기 [돌고래] 들러퀴민 놀 분다'라는 속담이 있다. 거센 파도가 오기 전엔 물길의 유속이 빨라져 해삼은 길쭉한 몸통을 감기면서 줄어들게 하고 소라는 바위에 강하게 달라붙는다는 것이고, 돌고래가 뛰놀면 풍랑이 인다는 것이다. 바다생물의 변화와 물의 흐름을 보고 바다 상황을 예측하여 다가올 피해에 대비했다.

파도가 일지 않으면 바닷물의 흐름이 정체되어 해안가에는 녹조가 생기고 바닷물 속의 산소량이 줄어든다. 이때 바람이 파도를 일으켜 물속에 산소를 공급해 해양생태계에 도움을 준다. 파도의 흔들림에 따라 톳이나 우뭇가사리, 미역 등의 해조류와 듬북이나 노란쟁이 등 바다풀들이 해안가 돌 위로 올라오거나 떠다닌다. 바람이 멎고 썰물이 되면 사람들은 그것들을 건져냈다. 해조류들은 바다가 주는 먹거리며 바다풀은 농사짓는 땅의 힘地力을 높이는 거름으로 사용했다.

제주에서는 물건을 옮길 때 머리에 이지 않고 구덕에 넣어 등에 짊어지고 길을 걷는다. 등짐 지는 것은 거세게 불어오는 바람과 돌이 많은 제주의 자연환경에 적응하면서 만들어진 제주만의 독특한 생활문화이다.

서귀포시 대포리의 한 좀녀는 "당앞개에 있는 동개와 앞개에서 단물[용천수]이 솟는데 그곳에서 물을 지러다[길어다] 먹어낫다. 물통에서 배추도 씻고 빨래를 빨아 널어놓고 허벅에 물을 담안, 물구덕[대나무로 만든 큰 바구니]에 너언 등에 젼 걷당 구진대서 돌멩이에 발 팍 접쳐 바닥에 탁하고 앉지면 허벅이 벌러져[물구덕에 허벅을 넣고 등에 지고 걷다가, 젖은 돌에 발이 걸려서 넘어져 바닥에 주저앉으면 허벅이 깨졌다] 어멍한테 욕 먹었주게"라고 말했다. 그녀는 물구덕을 등에 지고 넘어지지 않도록 조심해서 걸으려 해도 고르지 않은 돌길과 등짐의 무게로 발을 내딛는 것이 어려웠고 넘어져서 발이 아파도 엄마에게 혼날 생각에 아픈 것은 생각하지도 못했다고 한다.

구덕은 다양한 곳에서 사용했다. 줌녀들은 물질 갈 때 질구덕에 도시락과 땔감, 테왁, 망사리 등을 담아서 바다로 갔다. 밭일을 갈 때 아이를 애기구덕[4]에 눕혀 등에 지고 가서 그늘에 애기구덕을 놓아두고 일을 했다. 아이가 칭얼대면 손으로는 계속 일을 하고 발로 애기구덕을 흔들며 재우기도 한다.

필자의 첫아이가 태어나기 전 시어머니가 애기구덕을 사 오셨다. 대나무로 만든 전통 구덕이 아니고 쇠로 만든 독특한 모양으로 사용 방법이 궁금했었다. 시어머니가 구덕에서 아이 재우는 모습을 보고 나는 깜짝 놀랐다. 한 손으로 구덕 밖으로 아이가 떨어지지 않도록 구덕 위쪽을 잡고, 다른 손으로는 구덕 아래쪽을 잡아 세게 흔들고 계셨다. 아이가 졸리기보다는 멀미를 해서 잠이 들 수밖에 없을 것 같았다. 제주 사람들이 뱃멀미를 적

4 대나무를 이용해서 깊게 만든 바구니로 아기를 재우는 침대이다. 높이 중간 정도에 끈으로 그물처럼 엮어 놓고 그 위에 보릿대를 깔아 통풍이 잘되게 하고 아기를 눕혔다. 아기가 바닥에 닿지 않아서 구덕에서 오줌을 싸도 고여 있지 않고 밑으로 흐른다.

게 하는 이유가 애기 때부터 구덕에서 흔들림에 적응된 것이 아닌가 하는 생각을 했다.

긴 시간 동안 한 지역에서 환경에 적응하며 자연스럽게 체득되어 나타난 현상들이 그 지역의 문화적 특성이 되기도 한다. 유네스코에서 소멸 위기 언어로 등록한 제주어는 독특한 특성을 가지고 있다. 그 중 '간', '완', '기', '무사'[5] 등과 같이 짧은 단어로도 의미 있는 의사소통이 가능하다.

독특한 문화와 언어를 가지고 있고 천혜의 자연 자원을 간직한 제주에 관심이 높아지고 있다. 제주의 대지에 넓게 분포되어 있는 360여 개의 오름과 돌 문화경관은 자연이 빚어낸 위대한 작품이다. 제주도의 오름엔 각각의 이야기가 있다. 백 가지 약초가 있다는 백약이오름, 최영 장군이 삼별초 군을 섬멸했다는 붉은오름, 4·3의 아픔을 간직한 다랑쉬오름과 섯알오름, 설문대할망이 빠져 죽었다는 물장오리오름, 저녁 하늘에 샛별과 같이 외롭게 서 있다 하여 붙여진 새별오름에서는 들불 축제가 이루어진다. 사람들은 오름을 오르며 제주 역사와 신화를 느끼고 자연의 숨결을 담아 간다.

5 간, 완, 기, 무사라는 말은 갔느냐, 왔느냐, 그렇냐, 왜, 라는 제주어다. 한 글자이지만 음률에 따라 의미가 달라진다. 보편적으로 끝을 올리면 의문문이 된다. '간~' 하고 끝을 내리면 가지 말았으면 하는 아쉬움이 있는 표현이다. '완'은 끝을 올렸을 때는 왔냐고 물어보는 말이기도 하지만 기대하지 않았던 것에 대한 반가움의 표시이기도 하다. '기'는 다른 사람의 말에 반응하는 말이다. 끝을 올렸을 때는 놀람과 끝을 내렸을 때는 다행이라는 뜻이 있다. '무사'는 궁금하거나 의문이 들 때 많이 사용하는 표현이지만 끝에 강한 악센트를 주면 공격적으로 보이기도 한다.

위·물구덕을 지고 동산을 오르는 여인들
아래·일손 바쁜 어부 가족

제주 어디를 가든 돌을 볼 수 있다. 제주 사람과 돌은 연결되어 떠오른다. 그 돌은 천년이 넘는 세월 동안 제주 사람들의 일상생활에서 활용되며 제주만의 독특한 돌 문화가 만들어졌다. 제주의 돌 문화는 제주 땅 생성의 근원이며 생활공간에서 제주 사람과 늘 함께해 온 역사를 간직한 문화이다. 현무암으로 만든 생활 도구로는 곡식을 빻거나 찧는 돌절구와 곡식을 갈 때 사용하는 ᄀᆞ래[멧돌], 소에게 밭갈이를 가르칠 때 쟁기 대신에 묶어서 사용했던 곰돌, 곡식을 찧는 데 사용한 ᄆᆞᆯ방아[연자매], 기름을 짜는 기름틀, 소주를 만드는 소줏돌 등 다양한 모양과 형태로 만들어 사용했다.

가정에서 사용했던 등경돌[돌촛대]은 관솔불을 올려놓는 돌기둥이다. 부엌에 있는 솥덕, 돌화리[돌화로]를 만들어 온 가족이 화로 주위에 모여 앉아 이야기를 나누었다. 돼지 밥그릇인 돗도고리는 현무암을 움푹하게 파고 다듬어서 만들었다. 산담 안에서 향을 피울 때 사용하는 상돌[돌향로]과 동자석, 비석 등은 현무암이나 조면암으로 만들었다.

어촌 마을에서는 돌담을 쌓아 그물로 활용했고 멸치 잡는 방진 그물 아래 매다는 불돌[봉돌], 주낙 낚시에 사용하는 주낙 닷[주낙 닻]을 돌로 만들어 고기를 잡았다. 이외에도 돌은 제주의 풍토와 사용처에 맞게 다듬어져 여러 곳에서 쓰였다.

원담垣은 돌로 담을 쌓은 뒤 밀물과 썰물의 조차潮差를 이용해서 고기를 잡았던 곳이다. 원담에서 잡은 어·패류는 땅에서 얻기 어려웠던 동물성 단백질을 섭취할 수 있는 식재료였다. '친정에 가면 굶어도 바다에 가면 먹을 것 싯나[있다]' 할 정도로 바다에는 해산물이 풍부했다. 원담 안에서 잡은 해산물은 소소하게는 반찬으로 식탁에 오르고, 곡식으로 교환하거나 받은 현금으로 필요한 물건을 구입하고 저축도 했다. 원담에서 고기를 잡는 것은 생계를 위한 어로 활동으로 가정의 생활 경제에 도움을 주었다.

돌 그물인 원담과 일상에서 사람들이 늘 사용했던 돌 도구들은 기술이 발달하며 새로운 도구로 대체되고 있다. 전통 생활에서 사용했던 돌 도구는 박물관의 전시물이 되고 전통문화는 사회가 변해가면서 사라지거나 새로 생기는 문화에 흡수되어 변형되기도 했다.

에드워드 렐프Edward Relph(토론토대학 지리학과 교수)는 "특징적인 장소들을 부주의하게 없애버리는 장소 훼손의 무장소화 현상과 장소의 중요성에 대한 무감각에서 나오는 규격화된 경관 만들기의 현상을 주목해야 한다. 단순히 장소의 현상만을 관찰하는 것은 허망한 일이 될 것이다. 장소는 공적인 곳으로 상징과 의미를 공유하면서 경험을 함께하고 서로 관련을 맺음으로써 창조되고 알려진다"[6]고 했다.

6 에드워드 렐프, 김덕현 외 옮김, 『장소와 장소상실』, 논형, 2016, 85~90쪽.

제주 사람들과 함께해온 다양한 돌 문화들이 가지고 있는 장소적 의미와 역사적 사실들이 복원이라는 이름으로 원형이 변형되거나 사라지고, 획일화된 건축물로 남겨지고 있는 것은 아쉬운 일이 아닐 수 없다.

다겹담

2

제주의 보물 원담

제주의 돌담 이야기

'담'은 공간을 나누어 경계를 짓거나 외부의 접근을 막아 담 안의 것들을 보호하기 위해 자연석이나 벽돌, 흙, 나무 등으로 쌓아 놓은 것이다. 제주에서 담이라고 할 때는 돌담을 말한다. 돌담은 홑담이나 겹담, 다겹담으로 쌓았다.

돌담을 쌓기 시작한 것은 역사시대 이전부터이나 돌담을 쌓았다는 문헌 기록은 『당회요』「탐라국조」에 "탐라는 신라 무주[지금의 광주시와 광산군] 해상에 있다. (…) 그들의 집은 둥글게 돌담을 둘러서 풀로 덮었다"고 하였다. 이 기록으로 7C 이전부터 제주에서는 집을 지을 때 돌로 담을 둘렀다는 것을 알 수 있다. 『신증동국여지승람』「토산조」에는 과수원의 방풍용으로 돌담을 쌓았다는 기록이 있다.[1]

제주의 전통 돌담은 돌챙이[석장石匠, 돌을 다루는 사

1 김유정, 『제주 돌담』, 대원사, 2015, 14~21쪽.

람]가 돌의 크기와 모양에 따라 자연미를 살려 쌓았다. 그 담은 통풍이 잘되어 쉽게 무너지지 않지만 강한 충격에 무너질 때는 맞물린 부분이 같이 무너진다. 돌담은 오랜 세월 동안 그 자리에서 제주 사람의 희로애락과 함께했다. 다양한 역할로 쓰였던 돌담은 제주의 대지 위에 남아 독특한 풍광이 되었다. 자연석의 투박하지만 정겨운 모습을 간직한 돌담은 아름다운 제주 돌 문화로 제주인의 삶의 흔적이 담겨 있다.

제주도의 돌담을 보고 우에다 코오이치로오上田耕一郎는 "제주도에 쌓아진 돌담의 길이는 대垈, 전田, 목장, 분묘에 1구획마다 높이 1m 내지 2m의 화산암의 돌담을 두르고 있는데 그 총연장의 합계는 9천 7백 리[약 3만 8천 8백km]에 이르는 것으로 산정算定 된다"[2]고 하였다.

돌담의 종류에는 개인의 사생활을 보호해주며 집안으로 들어오는 바람을 막아주는 집담과 집으로 들어가는 골목길의 양옆에 바람이 불어오는 쪽은 높게 하여 바람을 막아주고, 햇볕이 드는 쪽은 낮게 쌓아 햇볕이 들어오게 쌓은 올레담이 있다. 제주 올레는, 올레길이 전국적으로 유명해지면서 제주를 찾는 여행객들에게 제주 돌 문화를 알리는 관광 코스가 되었다. 그러나 마을의 모습이 변화하는 과정에서 자연석으로 쌓은 올레담은 점점

2 우에다 코오이치로오(上田耕一郎), 『제주도의 경제』, 우당도서관, 1999, 105쪽.

사라지고 기계로 찍어낸 규격화된 돌로 담을 쌓거나 그 자리에 집이 들어서고 있다.

밭담은 밭의 경계를 구분 짓고, 가축으로부터 농작물을 보호하는 생명의 울타리다. 바람을 막아주어 농작물의 생장을 도와주며 밭의 토양이 유실되는 것도 방지한다. 밭담을 쌓고 남은 돌은 돌무더기를 만들어 놓았다가 필요할 때 사용했다. 이렇게 쌓아놓은 것을 '머들'이라고 한다.

밭담을 쌓은 것은 김구金坵가 1234년부터 5년간 제주에서 판관으로 근무할 당시 백성들의 밭과 관련된 분쟁을 해결하기 위해 밭에 경계석을 쌓도록 한 것이 계기가 되었다. 밭의 경계가 명확하게 구분되지 않았을 때는 이웃의 밭을 침범하기도 하고 지방 토호 세력들이 백성의 토지를 빼앗기도 했다. 그러나 밭담을 쌓으니 경계와 관련된 분쟁이 사라지고 한곳에 돌을 모아 놓으니 경작할 수 있는 땅이 넓어져 농사일도 수월해지고 수확량도 증가하였다.

잣담은 목장의 경계를 나누고 한라산 자락에서 방목하는 말馬이 민가나 밭에 들어가 사람들에게 주는 피해를 예방하기 위해 쌓았다. 산담은 마소馬牛의 침입으로 무덤이 훼손되는 것을 방지하고 방애불[경작할 땅을 일구거나 방목을 목적으로 들판에 놓은 불]이 무덤까지 번지지 못하도록 하기 위해 쌓은 울타리로 망자가 사는 집담이라 할 수 있다. 산담은 주로 겹담으로 쌓았으나 외담이나 다겹담으로 쌓기도 했다. 산담의 모양은 무덤 주변의 땅 모양과 망자가 앉은 위치나 방위를 고려하여 담을 쌓았으므로 다양하다. 산담 안에는 제주 현무암으로 만든 동자석과 문·무인석, 비석 등의 석상들이 놓여 있다. 망자 가문의 권위와 부富에 따라 산담의 크기와 산담 안에 놓인 석물들의 종류가 다르다.

제주의 3성城인 제주목성, 정의현성, 대정현성은 돌로 담을 쌓아 백성을 외세로부터 지켜 주는 동시에 성 밖으로 나가지 못하도록 통제하는 기능도 했다. 방어시설은 왜구들의 침입을 막기 위한 군사 시설로 9진鎭, 25봉수烽燧, 38연대煙臺가 세워졌었다. 9진은 해안 상륙이 쉬운 화북, 조천, 별방 등 9곳에, 봉수는 산 위쪽에 세워 먼 곳을 살폈고 연대는 해안가에서 섬 가까이 접근하는 것들을 확인했다. 봉수와 연대는 적의 침입을 감시하고 알리는 전통시대의 통신시설이다. 낮에는 연기로 밤에는 불빛으로 소식을 전달했다.

해안의 방어시설인 환해장성은 해안선을 따라 섬을 감싸는 형태로 약 300여 리에 걸쳐 쌓아졌다. 『탐라기년』에 "1270년(고려 원종 11년) 김통정이 이끄는 삼별초 군이 제주에 들어오는 것을 막기 위해 김수, 고여림과 함께 병사 7천여 명을 탐라에 보내 해안선을 따라 돌담을 쌓게 했다"고 기록했다. 현재는 복원된 곳도 있으나 원형이 남아 있는 환해장성은 극히 일부분이다.

마을을 수호하는 당신堂神을 모시는 장소인 본향당의 구조는 신체神體를 가운데 두고 그 주변에 외담이나 겹으로 돌담을 쌓았다. 시멘트가 귀했던 시절엔 신에게 최고의 정성을 올린다는 의미로 신체 주변과 돌담 사이에 시멘트를 바르기도 했다. 바다에서의 안녕을 기원하는 해신당과 유교식 제단인 포제단의 울타리도 돌담을 쌓아 성역화하였다.

원담은 제주의 전통 어로 장치이다. 제주 조간대에는 거친 화산석이 많고 평편한 곳이 드물어 섬유로 만든 그물을 사용할 수 없었다. 어민들은 돌로 담을 쌓아 그물로 이용했다. 돌그물인 원담은 조수간만의 차이가 심한 곳의 물이 들어오는 입구에 담을 쌓아 고기가 갇히게 했다. 썰물 때 위용이 드러나는 인공으로 쌓아진 원담도 자연과 하나 되는 순간 아름다운 자연 그대로의 공간이 된다.

원담, 밭담, 산담, 집담, 올레담 등은 생활에서 사람들이 필요에 의해 스스로 쌓았다면, 환해장성과 성담, 연대와 봉수, 잣담 등은 중앙정부의 정책에 의해 주민들에게 부과된 부역負役으로 쌓아졌다.

위·화북 연대와 환해장성
아래·본향당

위·밭담
아래·집담

제주에서의 고기잡이

식량을 찾아 이동했던 인류는 농사를 지으며 정착하기 시작했다. 제주에 정착한 사람들은 거친 땅에서 식량을 얻기 어려워 먹을 것을 찾아 바다로 향했다. 바다는 해산물의 보고寶庫다. 배를 타고 멀리 나가지 않아도 조간대에서 물고기와 패류, 해조류 등을 얻을 수 있었다.

역사시대 이전부터 제주도에서 물고기를 잡았었다. 이는 서귀포 사계리 유적에서 신석기 전기에 해당하는 결합식 낚시축이, 서귀포 하모리에서는 신석기 후기의 결합식 낚싯바늘과 고정식 작살 및 패 제품의 유물 출토에서 알 수 있다. 탐라 형성기의 어망추와 곡옥 등은 서귀포 화순리에서 출토되었다. 당시 모래해안과 갯바위가 발달한 해안가에서 사람들은 해산물을 채취하며 생업 활동을 했을 것이다.[1]

1 제주고고학연구소, 『서귀포 상모리 유적』, 2016, 28~30쪽.

밀물 때 해안가로 들어왔던 고기들은 썰물이 되면 천연의 물웅덩이에 갇혔으나 웅덩이가 없는 곳에서는 바다로 흘러갔다. 나가는 고기를 잡기 위해 그물을 이용해야 하지만 제주 조간대는 거칠게 굳어진 아아용암과 마그마가 만들어낸 여와 빌레로 일반 그물을 사용할 수 없었다.

해안 마을 사람들은 밀물 따라 들어온 고기를 가두기 위해 조수간만의 차가 큰 곳의 바다 쪽에 돌로 담을 쌓았다. 돌담 안으로 밀물 때 들어왔던 고기들이 썰물이 되어도 돌담에 걸려 나가지 못하고 갇히게 된다. 담을 쌓아 고기를 잡는 방법은 자연을 훼손하거나 오염시키지 않고 고기를 잡던 것으로 담은 자연친화적인 어로 장치였다. 마을의 인구와 지형에 따라 골[팀]을 만들어 이용이 편리하도록 담을 쌓고 공동으로 관리했다.

식량이 풍부하지 않았던 시대에 해산물은 동물성 단백질을 섭취할 수 있는 훌륭한 재료였다. 사람들은 원담 안에서 잡은 물고기와 해조류를 식량으로 소비하였으나 수확물이 많을 때는 곡식으로 교환하기도 했다. 원담은 생활에 도움이 되는 경제활동 장소였다.

서귀포시 문공염 어르신은 원에서 한창 멜을 잡을 때는 80kg 쌀가마니로 몇 개씩 건었다고 한다. "놈들은 보시로 들면 하나도 안 드는 걸 나는 한꺼번에 반 가마니씩 떴어. 멜이 많이 흐르는 구멍을 잘 알아야 해. 일기에도 가고"라며 고기의 생태를 알고 있어서 더 많이 잡을 수 있었다고 한다.

보편적으로 원담은 마을 공동의 소유이지만 7~10명이 모여 담을 쌓고 관리도 했다. 평상시에는 누구나 잡게 하였으나 멜이 드는 어기漁期에는 담을 쌓았던 사람들이 고기를 잡고 난 뒤에 다른 사람들은 잡을 수 있었다.

제주 사람들이 원에서 멜을 잡는 모습에 대해 일본인 구로이타黑板가 1923년 『미래의 보고寶庫 제주도』에 "도민들은 연안에 석제石堤[원담]를 구축하여 만조 시에 들어온 것들을 날이 밝기 전에 횃불을 밝혀 족바지로 건져 올렸었는데 내지인[일본인]이 들어와서 마른 멸치를 사들이게 됨에 따라 차츰 규모가 큰 어구를 사용하게 되었다"라고 기록했다.

원에 들어온 멸치를 처음에는 당망[삼태그물]으로 잡는 정도였으나 일본인들이 마른 멸치를 수집하면서 예망[그물을 물에 넣어 수평 방향으로 끌어서 고기를 잡아 올리는 방법]을 사용하여 잡았다. 이로 인해 천연으로 만들어진 모래톱들이 지예망의 어장이 되었고 때로는 원담을 무너뜨리고 혹은 바위를 부수어 새로운 어장을 만드는 곳도 있었다. 원담 안에서 가장 많이 잡았던 멸치는 매년 4월 제주 섬 동쪽 끝부분에 나타난 무리들이 북쪽과 남쪽 해안을 따라 각각 서쪽으로 향했다.[2]

오랜 세월 동안 마을공동체에서 이웃이 함께 작업하고

2 김성보, 『제주시 수협사 100년』, 제주시수산업협동조합, 2017, 143~144, 148쪽.

얻은 물고기는 자가 소비용으로 활용되었으나 어획물을 사고자 하는 사람들이 증가하여 어부들은 수익을 얻기 위해 더 많은 고기를 잡았고 개인의 이익을 추구하게 되었다.

원담의 개념과 기능

원담의 개념을 고광민은 "해안 조간대 일정한 구역에 돌담을 둘아 놓고 밀물 따라 몰려든 고기떼들을 썰물이 나면 그 안에 가두어놓아 쉬 잡을 수 있게 장치해둔 곳을 원이라고 하고, 이 장치를 위하여 줄줄이 쌓아 둔 담이 원담이다"[1] 라고 했다. 김유정은 "원담은 바닷가의 작은 여[현무암 암반]가 형성된 곳이나 모래밭의 도드라진 빌레 사이, 작은 만이 형성된 해변 등을 서로 이어 막아 밀물 때 고기가 들어오게 하고 썰물 때 가두어진 고기를 잡는 돌담이다. 원담은 바다 방향은 완만하게 만들고 원담 안쪽인 마을 방향은 수직으로 만들어 고기가 들어오기 쉬우나 썰물이 되면 수직의 높은 돌담에 막혀서 못 나가도록 비슷한 돌 4~6개로 열을 지어 만든 다겹의 돌담 구조로 일종의 돌 그물 역할을 하는 제주의 원시적 어로 시설이다."[2] 권동희는 "해변에 돌담을 쌓

1 제주시, 『제주시의 문화유적』, 제주대학교박물관, 1992.

2 김유정, 『제주 돌담』, 대원사, 2015, 75쪽.

아 간조와 만조의 물때를 이용해 물고기를 잡는 전통 어업방식을 원담이라고 한다. 육지 근해에서 사용하는 돌살, 석방렴과 같은 개념이다"[3] 라고 했다.

필자는 '원담은 조수간만의 차가 커서 물고기의 들고 남이 많은 바다 쪽에 쌓은 돌담으로 밀물 때 담 안으로 들어왔던 고기들이 썰물 때 담에 갇혀 나가지 못하게 하는 돌 그물이다. 원담은 자연의 이치에 순응하며 고기를 잡았던 제주의 전통 어로 장치이다'라고 정의한다.

원담은 마을마다 원, 원담, 개, 갯담이라고 부른다. 하귀·귀덕·모슬포 등 제주시 서쪽 마을에서는 원·원담이라고 부르고 김녕·행원·월정·하도 등 동쪽 마을에서는 개·갯담이라고 부른다. 한반도의 다른 지역에서는 석방렴石防簾, 석제石堤, 독살, 돌살 등으로 불린다.

원담의 기능은 바다생물 서식지, 해산물 채취지, 고기를 가두는 그물 역할, 경계의 표시, 방어 기능, 길의 역할, 놀이공간 등 7가지로 나눌 수 있다.

3 권동희, 『드론의 경관지형학, 제주』, 2017, 36쪽.

1) 바다생물 서식지

거센 바람에 파도가 해안가로 들이치면 조간대에 있는 어패류들이 안전한 곳을 찾아 원담 안으로 들어온다. 원담은 바다 생물들이 바람과 파도에 휩쓸리지 않도록 보호막이 되어 준다. 작은 어류들은 대형 어종의 공격을 피해 원담 안으로 들어와 숨는다. 문어와 낙지는 원담의 돌고망[돌구멍]과 바닥에 집을 장만한다.

밀물이 되어 원담 안에 물이 들기 시작하면 바다생물들은 원 안에서 자유롭게 먹이 활동을 하며 에너지를 충전하는 시간을 갖는다. 썰물이 되어 물이 빠지기 시작하면 돌 틈에 몸을 숨긴 생명체들은 활동을 멈추고 외부의 공격으로부터 생명을 보호한다.

물이 빠져 뜨거운 햇볕에 노출된 조간대에는 고둥이나 새우, 게들이 그늘과 물을 찾아 원담 주변을 서성인다. 자연적으로 생긴 물웅덩이나 사람들이 돌로 쌓아 만든 원담은 단순한 돌의 의미를 넘어, 바다 생물의 생존을 보호해 주어 해양 생태계 순환에 도움을 주는 장소이다.

2) 해산물 채취지

원담 안에서 고기를 잡기 위해서는 물때를 알아야 한다. 음력 초하루하고 보름은 조수간만의 차가 큰 여덥물로 썰물 때 원의 바닥이 완전히 드러나고 조간대가 가장 넓게 보인다. 여섯물에서 여덥물 사이 낮 시간 썰물에는 고망낚시를 하기 위해 사람들이 원담으로 모여든다.

원담 안에서 주로 잡히는 멸치는 빛을 쫓는 성질이 있어 새벽 시간의 썰물 때 주로 원으로 밀려왔다. 해안가 사람들은 멸치가 들어오면 잠도 제대로 못 자고 족바지를 들고 원담으로 향했다.

제주시에 거주하는 강철호(남, 1961년생)는 "어렸을 때 부모님이 새벽에 멜을 거르러[뜨러] 나가며 깨우면 잠이 설깨서[덜 깨서] 안 나가려 버텨보지만 누워 있어도 어머니의 재촉으로 잠을 잘 수가 없어서 따라나섰다"고 하고, 서귀포시의 김성백 어르신은 "멜을 많이 잡으면 아버지는 지꺼졍[흥에 겨워] 하시는데 나는, 잡은 멜을 져 날라야 하기 때문에 멜이 안 들었으면 좋겠다고 생각하기도 했다"고 한다.

원담 안에서는 멸치를 쫓아 들어온 고등어와 갈치, 우럭, 패감쟁이, 각재기, 가시복, 따치, 붉바리 등도 잡혔다. 붉바리는 일정한 곳에 사는 어류라 고기 집의 위치를 아는 사람들은 수시로 고기 집을 살폈고, 돌 밑에 숨어 있는 따치를 손으로 직접 잡는 사람도 있었다. 저녁 시간의 썰물 때는 횃불과 주전자, 꼬챙이를 든 사람들이 문어와 낙지를 잡으러 원담으로 향했다.

원담에서 잡은 문어와 전복, 바루[오분자기와 전복 작은 것]는 채취하는 양이 적어 판매보다 주로 반찬으로 이용했다. 김녕리의 신수개에서 만났던 할머니는 90세인데도 원담 주변에서 바위에 떠오른 천초나 미역 등을 다듬고 말려서 반찬으로 사용하거나 장에 내다 팔기도 한다고 했다. 어촌계에서 공동어장을 관리하고 있지만 원담에서 하는 고망낚시와 해안에 떠오른 미역과 우뭇가사리를 걷는 것, 보말과 깅이 등의 패류를 채취하는 것은 제재하지 않았다.

바다에 세워지는 구조물의 영향과 해양생태계의 변화로 원담에서 채취하는 해초들과 멸치의 양은 줄었지만 지금도 제주도 내 일부 원에는 어기가 되면 멸치가 들어온다.

3) 고기를 가두는 그물 역할

『신증동국여지승람』에 제주의 해양 풍속에 대하여 "산이 험하고 바다가 거칠어 그물을 사용하지 않고 직접 잡는다"라고 기록했듯이 제주 조간대는 거친 현무암으로 이루어져 있어 면이나 나일론 실로 만든 그물을 사용할 수가 없었다.

그물을 사용할 수 없었던 어촌 마을에서는 조수간만의

차가 큰 곳 중 고기들의 이동이 많은 곳의 바다 쪽을 돌로 막았다. 원담을 쌓기 전에는 밀물 때 연안으로 들어왔던 고기들이 썰물이 되면 다시 바다로 돌아갔으나 돌담을 쌓은 뒤엔 나가지 못하고 담 안에 갇혔다. 원담이 고기를 가두는 그물 역할을 한 것이다.

4) 경계의 표시

담은 경계의 표시로 활용되었다. 밭담의 경계는 밭과 밭 사이에 담을 쌓아 소유권을 구분했고, 잣담은 사람이 사는 곳과 가축을 방목하는 장소를 구분하기 위해 담을 쌓았다. 원담은 바당밭 경계를 구분 짓는 역할도 했다.

제주도는 어촌 마을별로 바다의 경계를 나누어 정해진 영역 안에서 해산물을 채취하고 바다를 관리했다. 땅은 담을 쌓아 경계를 명확하게 구분할 수 있으나 물 위의 경계선은 인위적으로 바다에 담을 쌓아 나눌 수가 없다. 사람들은 이웃 마을과 협의하여 해안이나 가까운 바다에 있는 지형지물인 여와 원담을 기준으로 경계를 나눴다.

이웃한 어촌계에서는 해산물이 많이 나는 곳을 차지하기 위하여 다툼이 일어나기도 했었다. 서귀포의 한 어르신은 "보목리와 하효마을은 남쪽을 기준으로 어장을 나눴는데 미역을 마을에서 공동으로 채취하여 높은 가격으로 판매하던 시기에 섶 섬이 남쪽이라는 사람과 모슬포가 남쪽이라는 사람들 사이에 의견이 충돌하기도 했었다"고 한다. 그만큼 바다 경계에 예민한 것은 경계에 따라 해산물의 수확량이 달라질 수 있기 때문이다.

제주 해안가에는 익사자의 시체가 밀려오기도 한다. 지금은 소방이나 경찰 등 국가기관에서 처리하지만 과거에는 어민의 몫이었다. 한 어촌 마을에서는 어장에 밀려온 시체를 외면하여 옆 마을에서 처리하고 시체가 있던 바다의 해산물 채취권도 가졌다. 바당밭은 어민들이 경제적인 소득을 얻는 장소이기에 사람들은 더 나은 소득을 얻기 위해 바다의 경계선을 정하는 데 심혈을 기울였다.

5) 방어 기능

원담은 거세게 불어오는 파도의 위력을 약하게 하여 사람들이 입는 피해를 감소시켜주는 1차 방어막이 되어 준다. 사람이 서 있기 힘들 정도의 매서운 바람이 불고 비가 오는 날은 일상적인 생활도 어렵게 했다. 바람을 타고 출렁이는 파도는 흰 소용돌이를 일으키며 육상으로 빠르게 달려든다. 때로는 파도에 부딪혀 원담이 무너지기도 하지만 원담과 여에 부딪힌 거센 파도는 기세가 약해지며 뭍으로 다가온다. 원담이 방파제 역할을 한 것이다.

파도의 방어막이 되어 주었던 원담을 무너트려 피해를 본 곳도 있다. 질너리원은 섭지코지 동쪽 질너리 해안에 있는 천연적인 원이었다. 질너리 해안을 따라 있는 골 둑이 원담의 역할을 하였으나 마을 어촌계에서 톳 어장을 확장하기 위해 골 둑을 부숴 주변에 투석했다. 둑이 사라져 파도에 밀려드는 모래들이 투석한 곳으로 쌓였다. 그 결과 톳도 자라지 않고 원담 안으로 고기들도 들어오지 않게 되었다.[4] 질너리원담은 고기를 가두는 그물 역할뿐만 아니라 바다에서 밀려드는 모래를 막아주는 방어적 기능도 했던 것이다.

원담은 추운 겨울 좀녀들이 물질하다 차가운 바닷물에서 나왔을 때 바람을 막아주고 불을 피워 쉴 수 있는 불턱으로도 이용했다. 좀녀들은 원담에 의지하여 잠시 쉬면서 몸을 녹이고 다시 바다로 향했다. 서귀포의 좀녀(여, 1954년생)는 "옛날에는 원담이나 돌 틈 어디든 하늬바람이 의지되면 다 불턱이었다. 지금은 고무옷을 입고 물질을 하기에 추운 겨울에도 긴 시간을 할 수 있고 먼바다까지 나갈 수 있지만 물소중이를 입고 물질하던 때에는 물속에서 10분에서 20분을 견디기도 힘들었었다. 물이 차가울 때 바다에 들어가면, 불에 달궈진 쇠를 찬물에 들이치면 바지직하듯이 손이 바지직 바지직 하는 것 닮게 아팠다. 옛날엔 참 악

4 남제주군, 『남제주군문화유적』, 제주대학교박물관, 1996, 277쪽.

방어 기능

스럽게 했다"고 말했다. 그렇게 힘든 일이었지만 가족을 위해 했던 물질이었다. 원담은 힘든 작업을 마친 좀녀들의 쉼터가 되어 주기도 하였다.

6) 길路의 역할

원담은 좀녀들이 바다에서 물질로 얻은 수확물을 육지로 옮기기 위해 걷는 길이 되어 주기도 했다. 좀녀들은 수확의 기쁨이 큰 만큼 몸으로 느껴지는 버거움을 등에 지고 뭍으로 올라와야 했다. 제주시 애월읍의 강순일 좀녀는 "ᄀᆞ이서사[가까운 데서] 아무것도 아니지만 멀리서 오려면 소라만 해도 무거운데 그것을 지고 헤엄쳐서 오면 곧 느랏허영[힘이 빠져서 쳐진 모습] 뭍 가까이 들어오면 지고 온 것이 힘에 겨워 딱 엎어졌었다"고 한다. 먼 바당에서 물질을 하면 이동할 거리가 너무 멀어 힘들었으나 원담 위의 정리된 길을 걸을 때는 그래도 편안했다고 한다. 썰물이 되면 사람들은 원담 위를 걸어 다니며 고망낚시를 하거나 원담을 밟으며 바다로 내려가 보말을 잡기도 했다.

때로는 원담이 있어 물질을 마치고 돌아오는 길이 위험할 때도 있었다. 서귀포의 좀녀(여, 1951년생)는 "배튼게원담은 파도가 거센 날 물질을 끝내고 들어올 때 방해받기도 했다. 물질을 끝내고 들어오는 바다에 올레가 없으면 굿다[불편하다]. 큰엇도 바당에 절[파도]이 막 오기 시작하면 3개 크게 왔다가 더 심하면 7개가 온다. 크게 올 때는 파도에 박칠 수도 있다. 그렇게 바다가 쎄가면 뒤를 돌아봤다가 큰 절이 오기 전에 두릉박[테왁]을 확 옮겨야 하는데 망 속에 물건이 담아 있으면 무거워서 쉽게 돌려 뭍으로 올리지도 못한다. 망을 휘어서 안트레[육지 쪽]로 들어올려야 하는데 원담에 걸리거나 모래밭 이신데는 걷지도 못하고 파도에 부딪혀 위험해지기도 했다"고 한다.

7) 놀이 공간

해안 마을의 아이들은 바닷가에서 온종일 지내도 지루함을 느끼지 않았다. 멋지게 만들어진 놀이 도구가 아니라도 아이들에게는 바닷가 주변의 모든 것이 놀잇감이었다. 바위 주변을 발로 치면 갯강구들이 빠르게 흩어진다. 아이들이 갯강구를 쫓아 달려가면 그것들은 더 빨리 도망간다.

원담 안의 어패류도 놀이 도구였다. 빈 고둥 속에 있는 깅이 찾는 게임을 하고 물속에서 누가 오래 있을 수 있는가 하며 물속에 들어갔다가 거친 숨을 내쉬며 올라왔다. 원담 안에 있는 박게 잡기 놀이와 작은 고기들을 잡기 위해 열심히 쫓아다녔다. 더운 여름날엔 썰물로 물이 빠지기 시작할 때 고무매트를 원 안의 물 위에 띄워 놓고 물놀이를 했다. 서로 매트 위에 오르기 위해 다툴수록 아이들은 계속해서 물에 빠졌다.

서귀포시 법환동에서 만난 상군 좀녀는 "옛날에는 천연 원인 멜통에서 수영을 했다. 그곳에서 헤엄치는 것도 배워 지금까지 좀녀를 하고 있다. 더운 여름엔 해안가 입구에서 물창까지 빨리 갔다 오는 시합을 하거나 바위틈 고랑창에서 고망 눈을 쓰고 가끔 고기도 잡으며 놀았다"고 한다.

토평마을에서는 물속에 숨겨둔 진썹[왕모시풀의 잎]찾기 놀이를 했다. 그때는 튜브가 없어 보리찍[보리짚]을 튜브처럼 만들어 타고 놀았다.[5] 물이 빠져 조간대의 원담들이 드러났을 때 아이들은 원담 주변으로 모였다. 모인 곳에서 다른 원담까지 달리기 시합을 하곤 했다. 바닷가 아이들은 돌을 다루며 달릴 줄 알았다. 때로는 시합도 잊어버리고 갯강구를 좇는 재미와 깅이를 잡기 위해 멈춰 서기도 했다. 물지네[게수리]나 고메기[고둥] 등도 잡으며 놀았다. 잡은 것을 집에 가져가면 반찬으로 해주시거나 낚시꾼에게 미끼로 팔아 용돈으로 사용하기도 했다.

5 서귀포시토평동마을회, 『토평마을』, 2004, 394쪽.

원담의 모양과 종류

제주 해안에는 화산활동 시 생긴 빌레와 투물러스, 여, 화산 쇄설물인 모래와 돌을 어디서나 볼 수 있다. 빌레는 점성이 약한 파호이호이 용암이 낮은 지역으로 흐르며 넓은 평지 형태로 굳어진 것이다. 투물러스는 굳어진 표면이 들어 올려져 부푼 빵 모양처럼 보인다. 이는 점성이 강한 아아용암이 흐르며 바닷물과 닿은 표면은 굳어지고 지하에서 계속 흘러오는 아아용암과 지하에 남아 있던 가스의 압력으로 표면이 들어 올려진 것이다. 압력이 더 가해지면 가운데 부분이 갈라져 작은 협곡이 생기고 좌·우로 경사가 진다. 용암이 육지에서 바다로 흐르다 갑자기 차가운 물을 만나 주변으로 튀면서 급격하게 식어 굳어진 클링커는 표면이 거칠고 날카로운 다양한 모양의 기암괴석이 되었다.

여러 종류의 용암석이 놓여 있는 조간대는 해양생물들이 살아가기 좋은 환경이다. 어·패류를 보호해주는 적절한 돌들이 있고 조간대 층위에 따라 밀물과 썰물의 영향도 다르게 받는다. 완전 썰물이 되어도 물이 차 있는 곳은 바다생물들의 쉼터가 된다. 조간대 바다생물의 생태계는 물과 공기의 많고 적음과 태양 볕이 강할 때와 약할 때 등 생존 여건의 변화에 맞게 적응되고 군집이 형성되었다.

1) 모양

원담은 모양을 설계하고 쌓기보다는 담을 쌓으려는 곳 주변의 지형지물을 이용하여 쌓기 때문에 모양이 다양하다. 같은 원담이지만 관찰자가 어디에 위치해서 어느 방향으로 보는가에 따라 다른 모양으로 보인다.

원담의 모양은 반타원형(⌒형)과 일자형(—형)이 가장 많고 기역자형(ㄱ형), ㄴ형, ∧형, ∩형, 이중곡선형, 이중복합형, S형, 지그재그형 등도 있다.

반타원형은 일자형에 곡선을 준 것과 같다. 기역자형은 원 주변의 돌을 모아 빌레나 여를 의지하여 일자로 쌓아나가다 한번 꺾은 뒤 다시 일자 모양으로 담을 쌓았다. 보는 방향에 따라 산 모양으로도 보인다. 같은 공간에 일자형으로 쌓을 때보다 원 안이 넓어지는 장점이 있다.

ㄴ형은 바다에서 육지 방향으로 봤을 때 ㄴ모양으로 담을 쌓은 것이다. 만이 깊숙하게 형성되지 않은 곳에 원안의 공간을 넓게 확보하기 위해 ㄴ모양으로 담을 쌓았다. 이중곡선형

은 ⌒모양의 원담에 일정 부분을 겹쳐서 ⌒모양을 다시 쌓은 것이고, 이중복합형은 ⌒모양에 ∧모양과 ㄱ모양 등 다른 모양을 겹쳐서 쌓은 것이다.

서귀포의 베튼개는 서쪽에서 바라봤을 때 원의 모양이 육지 쪽으로 깊게 들어온 ⊂모양이다. 이곳에 바다 쪽으로 터진 곳을 일자형으로 담을 쌓았다. 지금도 물때에 맞춰 원담에서 고기를 잡는다.

제주시 애월읍의 묵은원은 하귀 방파제가 있는 서쪽에서 바라보면 지그재그형이다. 묵은원 동쪽 담에 이어서 진줄코지까지 긴 둥근 모양으로 담을 쌓은 곳이 새원이다. 통시원은 묵은원 서쪽 담에 이어서 일자형으로 쌓았다. 원의 모양이 통시를 닮은 모양이라 통시원 또는 그곳에서 사람들이 자주 변을 봐서 통시원이라고 했다고 한다. 통시원은 담이 허물어져 형태만 남아 있었고 묵은원은 제주도의 지원을 받아 담을 보수하였다.

제주시 도두동의 요매기원은 안쪽과 바깥쪽에 일자형으로 쌓은 이중원이다. 안쪽의 원에 일자로 담을 쌓고 담 바깥쪽에 있는 소沼를 원으로 해서 바다 쪽에 다시 —모양으로 담을 쌓았다. 바깥의 소沼에는 항상 물이 고여 있다.

위·일자형
아래·타원형

위· 지그재그형
아래· 이중원담

2) 종류

원담의 종류는 자연형과 인공형, 자연과 인공 혼합형으로 나눌 수 있다.

자연형은 화산활동이 반복되면서 생겨난 결과물이다. 자연 원인 물웅덩이는 화산 폭발 시 생긴 곳이다. 썰물이 되면 사람들은 깊거나 넓게 생긴 웅덩이 안에서 물고기와 고둥, 새우, 소라 등을 잡았다. 물웅덩이는 지역에 따라 통이나 늪으로 부른다.

자연형 원담은 제주시 구좌읍의 쇠모살원과 서귀포 대포동의 ᄃᆞ릿발원, 법환동의 멜통, 너븐물원, 남원읍 태흥리의 멜통, 대정읍의 엉늪 등이 있다.

서귀포시 법환동의 멜통은 용암이 흐른 길이 굳어져 생겼다. 육지 쪽에서 시작된 하나의 길 웅덩이가 바다 쪽으로 진행되며 두 갈래로 나누어져 Y자 모양의 물길이 바다 가까이에서 다시 합쳐져 좌우로 길게 늘어난 일자 모양이다. 멜통 주변에는 빌레가 있어 사람들이 바다 가까이 가는 길로 이용한다. 밀물이 되면 멜통은 완전히 물에 잠긴다.

ᄃᆞ릿발원은 서귀포시 중문동 대포마을 갯가에 있는 원이다. 갯가의 모양이 ᄃᆞ리橋 모양으로 바다로 길쭉하게 내뻗은 모양을 하고 있어 붙여진 이름이다. ᄃᆞ릿발원에 물이 찬 모습은 백두산 천지를 보는 것 같았다. 원 밖으로 용암이 흐르며 만들어진 길이 있다. 뜨거운 용암이 여러 갈래로 흐르며 차가운 물을 만

나 튕겨 나가 물웅덩이가 만들어졌다. 물웅덩이가 원이고 물웅덩이 주변에 다양한 모양으로 굳어진 돌기둥이 담의 역할을 한다. 자연적으로 생긴 원은 담을 쌓거나 보수를 위한 수고를 하지 않아도 된다. 자연 원에서는 누구나 해산물을 채취할 수 있다.

자연원 - 신촌리 조반물원

인공형 원담은 바닷가 주변 바닥의 돌을 고르고 그 돌을 이용해서 바닷물이 들고 나는 길목에 담을 쌓아 만들었다. 조수간만의 차가 큰 곳은 물고기의 왕래가 잦고 먹이 활동이 활발하게 이루어진다. 어촌 사람들은 바다에서 오랜 시간 생활하며 체득된 경험으로 고기가 어디 쪽으로 들어오는지 알고 있었다.

인공으로 담을 쌓을 때는 주변에 의지할 것이 없어 혼

합형보다 더 많은 돌과 노동력이 필요하다. 견고하게 쌓지 않은 돌담은 태풍이나 사람들의 왕래에 쉽게 무너질 수 있다. 담의 보수는 태풍으로 무너졌을 때는 수시로 했고 봄·가을 멸치가 들어오기 전에 정기적으로 했다.

제주시 화북동의 돈돌기원은 원 동쪽에 있는 멜드는원과 조개원이 없어지는 것을 대비하여 마을 주민들이 쌓은 것이라고 한다. 멜드는원과 조개원 가까운 곳에 축항[포구]이 생겨 해류가 변화되고 물의 순환이 원활하지 않아 주변 생태계가 죽어갔다. 원담 안으로 어쩌다 들어온 고기들은 나가지 못해 죽고 모자반이나 바다풀 등의 해조류와 쓰레기들이 원담 주변에 고이며 썩어서 악취가 났다. 마을에서는 원담이 있던 자리에 물항장을 만들어 악취가 나지 않도록 해달라는 민원을 제기하고 있었다.

해안도로를 만들고 해안 주변이 개발되며 원담이 매립되고 마을 지형이 변화되고 있다. 그러나 일부 마을에서는 장소를 옮겨 원담을 복원하기도 했다. 제주시 이호해수욕장 동쪽에 있는 쌍원담은 원래 있던 자리에서 서쪽으로 500m 이동한 곳에 만든 것이다. 이곳에서는 매년 7월~8월 중 물이 가장 많이 싸는 [썰물] 날을 정해 원담 축제가 열린다. 축제 기간에는 맨손으로 바릇[해산물] 잡기와 고망낚시, 그물 놓기, 테우 체험 등의 바다놀이를 즐기기 위해 관광객과 도민들이 참여한다.

서귀포시 법환동에서는 해녀 체험장을 오픈하면서 소라 축제를 열었었다. 소라를 해안에 뿌려 관광객이 직접 잡는 체험으로 소라가 바다 쪽으로 나가지 못하게 원담을 만들었다고 한다. 서귀포시 남원읍 태흥 2리는 원담체험장을 만들어 마을회 주관으로 연 2회 원담 축제를 하는데 사람들이 많이 찾아온다고 한다. 평상시에는 관광 온 사람들이 원담을 보고 간다. 구좌읍 하도리와 한림읍 금능마을에서도 원담을 만들어 원담 축제를 하고 있다. 사람들은 하트 모양으로 만든 인공 원담과 원담 위에 세워진 거대한 조형물을 배경으로 사진을 찍고 있었다.

변형된 원담의 모양이나 축제를 통해 원담이 사람들에게 친숙하게 다가가는 긍정적인 부분도 있지만 옛 어민들이 원담을 중심으로 행했던 생활의 지혜와 공동체의 협동에 대한 설명이 없었던 것은 아쉬움으로 남는다.

하도리 체험 어장

혼합형은 자연형과 인공형이 어우러진 것이다. 자연적으로 만들어진 물웅덩이 주변에 담을 높이 올려 좀 더 깊은 웅덩이를 만들거나 빌레와 여 사이, 여와 여 사이의 빈 공간을 이어서 담을 쌓아 원을 만들었다. 자연 원담의 한 면에 이어서 담을 쌓아 이중 원담을 만들기도 했다.

혼합형 - 행원리원담

3) 원담 쌓는 방법

원담은 홑담이나 겹담, 다겹담으로 쌓았다. 홑담은 바닷물이 들어오는 물목에 한 줄로 담을 쌓은 것이다. 홑담은 겹담이나 다겹담보다 돌의 양이 적게 필요하며 쌓는 시간도 길지 않다. 그러나 거센 파도나 태풍에 무너지기 쉽다. 사람들이 고기잡이를 할 때 부주의 시 홑담은 쉽게 무너지기도 했다.

겹담은 큰 돌을 이용해서 홑담을 두 겹으로 쌓은 후 담과 담 사이에 생긴 공간에 작은 돌을 채우며 윗부분은 평편하게 만든다. 윗면이 넓어 길로 이용했다. 홑담보다 튼튼하게 쌓아져 쉽게 무너지지 않는다.

홑담이나 겹담은 마을 방향이나 바다 방향이 모두 직각이다. 다겹담은 마을 쪽은 직각으로 하고 바다 쪽으로 경사를 주며 여러 겹으로 비스듬히 쌓았다. 이는 밀물 시 고기가 들어오기 쉽도록 하고 썰물 때 나가지 못하게 하기 위함이다. 다겹담은 많은 돌과 노동력이 필요하므로 마을공동체가 협동하여 쌓았다. 다겹담은 겹담보다도 견고하다.

홑담
겹담
다겹담

원담의 의미

1) 공동체 정신이 깃든 장소

공동체란 같은 지역에서 오랫동안 지속해서 살고 있는 사람들이 공동의 목적을 달성하기 위해 협업하는 조직체이다. 원담은 공동체 정신이 있던 공공의 장소이다. 원담 안에 멜이 들어오면 처음 발견한 사람이 "멜 들엄져![멸치가 들어왔다]" 외치며 이웃에게 알려주고 사람들과 함께 원담으로 갔다. 원담 안에서 물고기를 잡거나 패류를 채취하는 것은 개인보다는 마을공동체 구성원이 협동하여 작업을 했다.

일정한 인원이 모이거나 마을 주민 전체가 계원이 되는 원담계를 만들어 함께 일을 하고 수익은 맡은 역할에 따라 공정하게 분배했다. 계원들은 자체 규약을 만들어 평상시에는 친목을 도모하고 협동 작업을 할 때는 맡은 역할에 책임을 다했다.

마을 공동 소유의 원담은 어기漁期가 돌아오기 전 한 가구당 1~2명이 의무적으로 참여하여 정기적으로 보수했다. 참여하지 못할 때는 궐금[벌금]을 냈다. 궐금을 내지 않으면 원담에서 고기잡이를 하기 어려웠다.

땅 위의 밭은 소유주가 명확하여 마을공동체에서 협업 노동으로 씨를 뿌리고 가꾸어 열매를 맺었다 해도 수확물은 밭 주인의 소유가 된다. 그러나 바당밭인 원담에서 얻는 수확물은 자연이 주는 것으로 수익은 협업 노동에 참여한 구성원이면 누구나 공정하게 가져갔다. 멸치가 풍년일 때는 참여하지 못한 노인이나 병약자 등 이웃에게 나누어 주기도 했다. 원담은 이웃과 함께 활동하고 이웃을 생각하며 나누는 공동체 정신이 깃든 장소다.

2) 해양 돌 문화 경관

화산섬인 제주의 돌 문화는 오랜 세월 제주 사람의 삶과 함께한 제주를 대표하는 자연물이다. 파도에 부딪히고 밀려 굴러가며 모나지 않게 만들어진 부드러운 돌들이 해안에 쌓여 갔다. 지하에 있던 물질들은 용암의 분출을 온몸으로 맞으며 거대한 외침으로 포효하며 그대로 굳어 지상의 멋진 작품이 되었다. 화산활동은 협곡을 만들고 협곡은 누군가의 쉼터가 되었다.

오랜 기간 침식 작용에 의해 제주 섬 주변 해안절벽에는 해식애와 해식동굴, 해식와지, 시스텍, 시아치 등의 해안 돌 문화 경관이 만들어졌다. 해안가의 돌들은 해양생물의 집이 되

위·마라도 해식동굴
아래·김녕 투물러스

어주고 산란장이 되어 종족을 보존케 하는 역할을 하고 있다.

해안을 따라 있었던 환해장성은 적의 침입을 막기 위해 쌓아졌고 불턱은 노동에 지친 줌녀들이 잠시나마 쉴 수 있는 편안함을 제공해 주었다. 도대불은 현대식 등대가 세워지기 이전에 바닷가에 세워져 배가 안전하게 항해할 수 있도록 길잡이 역할을 했다. 연대는 제주도 최전방의 통신수단으로 외부의 침입을 감시하며 적의 침입을 알릴 땐 연기를 피워 옆 마을과 소통하며 제주를 지켰다.

사면이 바다인 제주도에서 소금은 드물게 생산되었다. 엄쟁이마을로 불리었던 제주시 구엄리에서는 암반 위에 바닷물을 퍼 올려 말려서 소금을 만들었다. 이를 '소금빌레'라 했다. 현재 이곳에서는 어촌계가 중심이 되어 소금 만들기 체험장을 운영하고 있다.

해안의 돌 문화는 어민들의 삶과 늘 함께했으며 제주를 대표하는 해양관광지로서 역할을 하고 있다. 제주의 전통 어로 장치인 원담에서는 생계 어로가 이루어졌고 원담을 중심으로 한 활동을 통해 그 시대 바다의 변화에 대비했던 어민들의 생활의 지혜를 엿볼 수 있다.

원담은 자연현상을 이용하고 바다 생태계의 먹이사슬 순환구조에 의한 고기잡이가 있었던 곳이다. 지역주민이 함께하는 공동체 정신이 깃들었던 원담의 문화원형을 지키는 것이 바다 생태계의 순환을 돕는 것이다.

3) 바당밭의 식량창고

제주도는 토질이 척박하고 많은 바람과 잦은 가뭄으로 아주 오래전부터 농사짓기에 어려움이 있었다. 『탐라계록』에 "제주도는 토성土性이 얕고 척박하여 생산되는 곡식이 예로부터 넉넉하지 못하였고 (…) 금년에는 서늘한 바람과 찬비가 여러 달 계속되자 처음 파종한 것을 다시 파종하니 모두 싹이 잘 나지 않아서 매우 걱정됩니다. 또한 짠물의 해를 입어서 문드러진 것이 열에 대여섯이 되었습니다. 조와 피稷·팥이 재앙을 가장 심하게 입었고 산도[밭벼]·답조[나락]·콩·메밀은 비록 조금 낫다고 하지만 파종한 것이 거의 없어 농사가 극히 걱정되고 백성들의 먹을거리가 매우 궁핍할 것임은 말로 형언할 수가 없습니다"라는 기록에서도 알 수 있다.

또한 제주를 가뭄旱災과 수재水災, 풍재風災가 많아 삼재의 섬이라고 했다. 깊고 높은 골짜기가 있어 비가 오면 물의 흐름이 빨라져 수재가 많았고 화산섬으로 돌이 많고 토질이 척박하여 조금만 가물어도 가뭄을 겪었다. 제주도는 태풍의 길목에 위치하여 풍재를 자주 겪어 곡식을 수확하는 데 어려움이 많았다. 지속되는 자연재해는 제주 사람들의 생활을 더욱 어렵게 하였다.[1]

1 김봉옥, 『제주통사』, 제주발전연구원, 2013, 15쪽.

농사철이 다가와도 가뭄과 바람, 많은 비로 인해 파종 시기를 놓치거나 겨우 파종을 했어도 종자들이 뿌리를 내리지 못하여 수확할 것이 없는 경우가 많았다. 땅에 의존하여 해결하는 식량은 궁핍을 벗어나기 어려웠고 굶주린 날들도 많았다. 배고픔을 해결할 수 있고 동물성 단백질을 얻을 수 있는 식량을 확보하기 위해 바다로 나갔다.

사람들의 식탁에 물고기가 올라온 것은 구석기 시대에 출현한 크로마뇽인이 그물이나 낚싯줄, 덫 등을 만들 수 있는 끈을 발명하여 작살로 물고기를 잡을 수 있게 되면서부터이다.[2] 제주 어민들은 낚싯대를 만들고 족바지나 사둘을 가지고 마을 해안가 주변에서 물고기를 잡았다.

사람의 접근이 편리했던 원담은 제주도민의 식생활에 필요한 단백질의 재료를 공급해주는 장소였다. 어민들은 밭일을 하다가도 물때가 되면 원담으로 갔다. 그들은 보재기[포작인鮑作人]나 좀녀같이 전문적인 물질을 못 해도, 배를 타고 멀리 나가지 않아도 접근이 편리했던 원담에서 먹을 것을 얻을 수 있었다. 멸치나 고등어, 갈치, 전복, 소라, 고둥 등의 어패류는 육지에서 부족한 단백질을 공급받을 수 있는 식량이다.

2 재레드 다이아몬드, 김진준 옮김, 『총·균·쇠』, 문학사상, 2014, 53쪽.

3

원담과 해양 문화

문화는 원래의 것을 항상 가지고 있는 것이 아니라 새로운 문화가 들어와 옛것은 사라지기도 하고 새로운 문화가 옛것에 스며들어 시대 상황에 맞게 변용되기도 한다. 특히 생활문화는 당當 시대 사람들의 생존과 관련된 사회적·경제적·정치적 상황에 영향을 받는다. 그러나 물질문화의 원형이 사라지면 그 안에 담겼던 정신문화는 찾기 어렵게 된다.

원담과 조간대

시간의 흐름에 따라 밀려나는 바닷물 속에서 서서히 나타나는 다양한 모양의 돌들을 보고 있노라면 경이롭기까지 하다. 물속에서 자유롭게 활개를 치던 녀석들은 돌 틈으로 숨어든다. 바쁘게 지나가는 깅이와 각종 보말들은 카멜레온과 같이 변장하여 바위에 착 달라붙어 움직이지 않는다. 물결 따라 춤추던 해초들은 지쳤는지 옆으로 쓰러져 있다. 썰물이 되어 물이 빠지고 있는 제주 조간대의 풍광이다.

조간대는 바다와 육지의 경계를 나타낸 곳으로 하루에 두 번 모습을 드러냈다 감춘다. 육지와 연결되어 있는 끝자락의 돌들이 밀물 때 바닷물이 들어오면 잠겼다가 썰물 때 물이 빠지면서 모습을 드러냄을 반복하는 것이다. 해안가에서 살아가는 생명체는 조수에 따라 하루 두 번 뭍에서 생활하게 된다. 물 밖으로 노출되는 시간은 조간대의 위치에 따라 길거나 짧아진다.

조간대 상층은 바다로부터 가장 높은 곳으로, 육지와 가장 가까운 곳이다. 밀물 때는 바닷물에 잠기거나 일부 부분이 노출되는 지역이다. 조간대 중간층은 만조 시에는 물에 잠겼다가 썰물이 되며 모습을 드러내는 전형적인 조간대 지역이다. 항상 어느 정도의 물이 있으므로 게와 고둥류, 따개비 등이 많이 살고 있다. 조간대 하층은 육지 끝부분이다. 물이 가장 많이 빠져나갔을 때를 제외하고는 거의 항상 물에 잠겨 있다.

제주의 조간대는 현무암질의 용암류로 만들어진 암석해안으로 낮고 평평하게 형성된 빌레와 바위 위의 물웅덩이, 자갈이나 모래 등의 화산 쇄설물로 이루어져 있다. 사람들은 해산물을 얻기 위해 돌들을 들추고 헤집어 놓거나 해안가 관리를 소홀히 하여 조간대 주변에 잡초가 무성하기도 했다. 잡초는 톳이나 천초 등의 해조류 번식에 장애가 되어 수확량을 감소시킨다.

암석해안에 살고 있는 생명체들은 조간대 주변의 돌 틈과 웅덩이에 자리를 잡거나 바위에 붙어 생존한다. 그곳은 들이치는 파도가 암석에 부딪혀 힘이 약해지고 다양한 포식자들로

부터 보호받을 수 있는 안전한 서식처이다.

어촌계에서는 공동으로 조간대 살리는 운동을 지속해 왔다. 1965년경 어촌 마을에서 바닷가 돌 위의 잡초를 뽑고 석회를 닦는 갯닦이 작업과 돌 모으기 운동을 하였다. 미역과 천초 증식을 위해 마을마다 공동어장에 돌을 투석하여 해조류들이 서식할 수 있도록 했다.

제주도 해안은 다양한 화산석들로 인해 배가 육지 가까이 접안하기 어려웠다. 어부들은 바다에서 작업을 마치고 원활하게 접안할 수 있는 포구와 어선 기반 시설의 증설을 요구했다. 포구가 확장되고 바닷가를 잇는 해안도로가 개설되면서 조간대에 있던 원담과 해양 돌 문화가 급격하게 사라지고 있다. 조간대의 다양한 변화 속에서 적응력을 키우며 생존했던 바다생물의 서식지가 파괴되고 바다 환경이 오염되고 있다. 그 결과, 해양생물은 생존에 위협을 받고 있으며 먹이사슬에 변화와 바다 생태계에 혼란을 주고 있다.

각종 시설물에 묻힌 조간대는 물고기들의 집이 있었고 어패류의 산란장이며 먹이사슬이 존재했던 곳이었다. 플랑크톤이나 작은 생물들을 먹이로 섭취하기 위해 접근했던 어종들은 먹이를 잃어버리고 다른 곳으로 이동을 해야만 했다.

고기 잡는 방법

어획법은 강이나 바다에서 수산물을 포획하거나 채취하기 위해 사용되는 수단으로 고기들이 서식하는 장소에 따라 방법이 다르다.

『전어지佃漁志』에 나무나 풀의 성분을 이용하여 물고기를 잡았다는 기록이 있다. "물고기를 취하게 하는 것은 풀이나 나무의 꽃과 잎사귀인데 이것을 먹이면 물고기가 어리바리해진다. 산초나무 열매로 물고기를 죽이고, 천초 껍질을 물속에서 비비면 물고기를 쉽게 잡을 수 있다. 개오동나무 껍질의 즙을 짜서 수중에 놓아두면 물고기가 죽는다. 물푸레나무의 껍질을 말려서 가루를 내어 상류에 뿌리면 물고기가 죽어서 떠오른다. 모과나무를 태운 재를 못 속에 뿌리면 물고기를 잡을 수 있고, 팥꽃나무의 꽃, 감나무나 옻나무를 하천 수면에 흘려 내려보내면 피라미와 붕어가 대취해서 떠오른다"[1]고 했다.

노출된 조간대나 원담에서는 맨손으로 잡거나 물이 어느 정도 있을 때는 족바지, 사둘, 낚싯대 등을 이용했다. 바다에서는 배를 타고 나가 고기가 지나가는 길에 그물을 설치해서 잡았다. 그물의 넓이는 선박의 크기와 잡으려는 어종, 사용 장소, 함께 일하는 인원에 따라 다르다. 어종에 따라 그물코의 크기도 달라진다. 너무 촘촘하게 짠 그물은 치어들까지 잡게 되어 어족자원의 고갈을 가져올 수 있어 법으로 최소한의 그물코 크기를 규제하고 있다.

서귀포시 문공염 어르신은 직접 왕대나무로 코바늘을 만들고 외실로 지름 5m의 사둘 그물을 만들어 고기를 잡았다고 한다. 작은 고기를 잡을 때는 큰 고기를 잡을 때 사용했던 그물 2개를 격자로 넣어 그물 구멍을 작게 만들어 사용했으며 그물은 60여 년이 지난 지금도 사용하고 있었다.

그물을 일정한 장소에 설치해 두고 그물 안에 가두어진 고기를 잡는 것을 유도 함정 어법이라 한다. 이 그물은 고기가 들어오기는 쉬우나 나가기는 어렵게 되어 있다. 원담에서 고기 잡는 방법도 함정 어법에 속한다. 고기가 밀물을 따라 원담 안으로 자연스럽게 들어오게 한 뒤 썰물 때 나가지 못하게 가두어 잡

1 서유구, 김명년 옮김, 『佃漁志』, 한국어촌어항협회, 2007, 149쪽.

는 방식이다.

원담 안의 물이 빠져 바닥이 드러나면 원 바닥에서 퍼덕이는 고기를 맨손으로 줍거나 돌 틈에 손을 넣어 잡기도 했다. 돌 듬 사이에 숨어 있는 넙치를 삽기 위해 맨손으로 손을 넣었다 고기에 쏘여서 손이 붓기도 한다.

같은 장소에서 함께 고기를 잡아도 사람마다 작업하는 방법과 수확한 결과물이 다르다. 큰 고기를 잘 잡거나 많이 잡는 사람은 그들만의 고기 잡는 노하우가 있다고 한다. 문공염 어르신은 "원담 안에도 고기가 잘 잡히는 곳이 있다. 북풍이 불어올 때는 북쪽의 원담에 바람을 의지하여 고기들이 모여 있고 초가을 멸은 따뜻한 곳을 좋아해서 원담 안에서도 따뜻한 곳에 모인다. 사리 밀물 때 원담의 물목[바닷물이 들어오는 입구]에 一자로 그물을 걸었다가 물이 빠지기 시작하면 그물에 걸리는 고기를 잡았다. 이것을 '목맥이'라고 한다. 원담의 구조와 바람 방향, 고기들이 좋아하는 기후조건, 고기들의 습성을 알면 많은 고기를 잡을 수 있다"고 말했다.

원담 위에서는 주로 돌 틈에 서식하는 볼락과 우럭을 잡았다. 대나무 낚싯대에 미끼를 걸어 돌 틈 사이에 넣어두면 우럭이 미끼를 문다. 제주에서는 이를 '고망낚시'라고 한다. 고망낚시는 낮 시간에 썰물이 드는 다섯물이나 여섯물 때 많이 한다.

원담 안에서의 고기잡이는 개인이 혼자 하거나 여러 사람이 협동으로 했다. 서귀포의 김성백 어르신은 "원에 멜이 들

위・고망낚시
아래・원담 안에서 멸치잡이 ⓒ 홍정표

어오면 나무로 둥그렇게 만든 틀에 그물망을 고정시켜 만든 어음을 이용해서 잡았다. 사둘은 원담 안에 들어온 고기들을 직접 건져 올린다. 어음은 바닷물이 들어오기 전에 원담 안의 가장자리에 미리 둥그렇게 둘러서 설치하고 어음 안으로 멜이 들어오면 어음 옆에 서 있던 할머니나 사람들이 망 안에 있는 고기들을 족바지나 사둘, 바구니로 뜬다"고 말했다.

대정읍 일과리의 김00(남, 1943년생) 어르신은 원담에서 고기를 잡을 때 둥그렇게 생긴 채[곡식을 치는 채]를 사용했었다고 한다. 채를 큰 돌 사이에 넣어놓고 돌을 다울리면 고기가 놀라 도망가다 채 안으로 들어오면 그때 채를 그대로 들어서 건져냈다고 한다.

제주시의 김영필(남, 1961년생)은 갯강구를 이용해서 고망낚시를 했다고 한다. 그는 "갯강구를 잡기 위해 모래를 둥그렇게 파고 구멍이 무너지지 않도록 구멍 위에 돌을 얹어 놓는다. 일종의 함정 어구인데 갯강구가 지나가다 파 놓은 모랫구멍으로 들어가면 위에 덮었던 돌을 치움과 동시에 통으로 흩으면 갯강구가 통속에 담긴다. 원담에서 보말을 잡을 때도 담 밑에 통을 놓고 손으로 돌담을 쓱 훑어 내리면 통에 보말이 가득 채워졌다. 지금과 같이 손으로 하나하나 잡지 않았다"고 했다.

제주시의 이동철(남, 1940년생) 어르신은 "지금은 나이가 들어서 버쳐서[힘들어서] 못하는데 옛날에는 심심하면 젊은 사람들이 도루방질하자고 했다. 이곳은 이중 원담이라 원담 바깥과 안쪽으로 그물을 쳐놓고 돌을 한쪽으로 뒤집거나 하면 돌에 숨어 있던 고기들이 나온다. 고기를 잡고 난 뒤 뒤집은 돌은 원래대로 복귀시켜 놓았다. 그래서 원담의 원형이 그대로 있다. 그러나 지금은 돌을 일러서 보말이나 그런 것을 잡고 그대로 가버려서 원담의 원형이 사라지고 있다"고 하며 지킬 것을 지키지 않고 자신만 생각하는 사람들의 행동을 아쉬워했다.

고기 잡는 도구

어획 도구란 물고기를 잡거나 패류를 채취할 때 사용하는 기구器具다. 도구의 사용과 발달은 자연환경의 조건에 적응하고 사회과학의 발달 상황에 맞추어 변화했다.

원담은 그 자체가 어획 도구로서 고기를 잡는 돌 그물이다. 조간대에 있는 물웅덩이나 해안가에 만灣이 형성된 곳의 바다 쪽에 빌레와 여를 이어 담을 쌓아 원 안으로 들어온 고기를 잡았다. 열려 있던 만은 닫힌 공간이 되어 돌담 안으로 밀물과 함께 들어와 담 밑에서 놀던 고기들이 썰물 때 나가지 못하고 원담 안에 갇히게 된다. 사람들은 원담에 갇힌 고기들을 다양한 어로 도구를 사용해서 쉽게 잡을 수 있었다.

추자도에서는 최영 장군에게 어로 도구 만드는 법을 배웠다고 한다. 1374년(공민왕 23년) 8월 최영은 제주도에서 발생한 목호의 난을 평정하기 위해 제주도로 오던 중에 심한 풍랑을 만나 추자도로 피난을 했었다. 추자도에 머무는 동안 최영은 마을 주민들에게 물고기 잡는 도구를 만들 수 있도록 가르쳐 주었다. 산야에서 자라고 있는 덩굴[토란대]로 그물을 엮고, 잡은 물고기를 건져 올리기에 편리한 대바구니 만드는 법을 보급시키고 농경도 가르쳤다.[1] 특별한 도구 없이 고기를 잡던 주민들은 새로운 도구를 이용함으로써 편리하게 고기를 잡을 수 있었다. 추자도 주민들은 최영 장군의 고마움을 기리기 위해 사당을 만들어 의례를 행하고 있었다.

조선시대에 사용했던 고정식 어구는 대나무나 갈대를 이용해서 만든 것으로 어량漁梁, 어전漁箭, 수량水梁, 방렴防簾, 어렴漁簾 등으로 불렀다. 중앙 조정에서는 고정식 어구에 어전세漁田稅를 걷었고 왕실이나 나라에 공을 세운 사람에게 어전을 선물로 지급하기도 했다. 이동식 어구로는 망자網子와 망고網罟라고 하는 그물과 착어 기계가 있었다. 방렴은 영조 28년(1752)에 최초로 사용했다가 순조 11년(1811) 3월 이후에 사용하지 않았다.[2]

제주 해안 주변의 거친 돌들은 고정식 그물이나 면적이 넓은 이동식 어구 사용을 어렵게 했다. 사람들은 맨손으로 해산물을 잡거나 대나무로 만든 낚싯대를 사용하였고 소라, 전복, 고둥 등을 채취할 때는 골갱이를 사용했다. 돌로 담을 쌓아 돌 그물을 만들어 거친 암석 사이에서도 고기를 잡았다. 돌 그물인 원담은 고정식 어구라 할 수 있다.

1 한동구, 고영자 옮김, 『제주도-삼다의 통곡사』, 우당도서관, 2017, 301~302쪽.

2 김진백, 『조선왕조실록상의 수산업』, 수산경제연구원Books, 2017, 79쪽.

원담 안에서 고기를 잡을 때는 족바지나 사둘, 어음 등을 주로 사용했다. 잡은 고기는 질구덕에 담아 등에 지고 날랐다. 고기를 많이 잡은 사람은 항아리에 담아 리어카로 옮기기도 했다.

제주시 애월읍의 현민웅(남, 1938년생) 어르신은 "원담에 멜이 들면 바닷물이 퍼레. 강보면[가서 보면] 밤이라 잘 모르지만 퍼렁한 것이 뭉쳐가는 거 몽둥이로 착 때리민 멜이 겁나서 도망갈 때 족바지를 들거든. 경허면 ᄒᆞᆫ콘테이너 떠. 콘테이너가 없었을 땐 서답구덕이라고 큰 바구니에 담았어. 멜을 뜰 땐 이젠 양푼이나 플라스틱 그릇을 가져가지만 옛날엔 좀팍이라 해서 나무를 파서 만든 것으로 떴어. 몇 년 전엔 모기장에 대를 묶어서 해놨어. 한쪽은 넓게 하고 한쪽은 좁게 해서. 원담에 물이 많으면 안 되고 물이 적을 때 고기들이 웅덩이로 지나가는 것을 보고 반대쪽에서 물을 착착 때리면 그물 안으로 고기들이 들어와. 바당이 오염되기 전엔 전복, 소라, 해삼을 채취하면 바구니에 가득 찼어. 바구니가 넘치니 할망[현민웅 어르신 배우자]이 파자마 벗엉 다리 쪽 밑을 졸라메그네 거기 담아놨어"라고 했다. 가정에서 사용했던 것을 상황에 맞게 응용해서 도구로 사용했다. 어르신은 바다가 깨끗하고 고기가 많을 때는 자주 원담을 살폈고 재미있게 작업을 했다고도 한다.

어촌 마을에서 살고 있던 어느 날, 우리 가족은 낙지나 문어를 잡기 위해 밤의 썰물 때 집 앞 바닷가로 나갔었다. 남편은

빈 페인트 통에 석유를 담아 들고 아이 손엔 주전자가, 나는 철사로 만든 횃불과 아이 손을 잡고 선창가에 있는 원담으로 갔었다. 잡는 방법이 서툴러 많은 양을 잡지는 못했지만 그 또한 어촌에서 생활했기에 얻을 수 있었던 경험이었다.

횃불을 켜는 봉은 굵은 철사를 길게 하여 철사 끝부분에 면 옷가지를 둥그렇게 감은 뒤 얇은 철사로 옷가지를 감아서 굵은 철사에 고정시켜 만들었다. 옷 뭉치에 석유를 적셔 불을 붙이면 주위가 밝아졌다. 불이 꺼져 갈 때 석유통에 살짝 담갔다 꺼내면 불이 살아나지만 깊숙이 넣으면 불이 꺼진다. 요즘은 랜턴을 사용하지만 옛날에는 바짝 말린 억새꽃을 이용해서 만든 화심을 불씨로 사용하기도 했다.

낙지는 쇠갈고리를 만들어서 사용하거나 맨손으로 잡는다. 밤에는 낙지가 먹이활동을 하기 위해 지면 위로 올라온다. 횃불이 있어도 도망가지 않았다. 해초나 돌에 앉아 있으면 처음 잡는 사람은 낙지인지 돌인지 구분을 못 했다. 문어는 낮 썰물 때 돌 틈이나 훍 속에 갈고리를 넣어서 잡았다.

족바지는 나무로 원형의 틀을 만든 뒤 그물의 막힌 부분을 밑으로 길게 늘어트리고 트인 부분은 실을 이용해 틀에 고정시킨다. 틀의 한 부분에 긴 막대를 연결해서 손잡이를 만든다. 개인이 원에서 고기들을 담아 올릴 때 사용했다. 족바지가 없을 때는 긴 막대기 두 개에 가정에서 사용하는 모기장을 이용해서 그물을 만들어 사용했다.

족바지나 사둘의 크기는 다양하다. 문공염 어르신이 가지고 있는 사둘의 원둘레는 약 1m로 보통 사람이 혼자 사용하기엔 큰 크기지만 본인은 혼자서도 할 수 있다며 힘 있게 사둘을 들어 보였다. 사둘의 자루는 소나무를 사용했고 둥그런 틀은 노가리 나무인데 잘 썩지 않는다고 한다. 족바지의 원둘레는 350cm였다. 사둘의 그물은 직접 만들었으나 족바지의 그물은 구입해서 사용했다고 한다.

사둘과 족바지

물속에서 손 줄낚시를 이용해 갈치를 잡는 도구인 갈치술은 줄이 질기고 뻣뻣해야 엉키지 않으므로 줄에 풋감 즙을 들이고 20여 일 동안 삭힌 돼지 피를 줄에 덧발랐다. 마른 후에는 솥에 넣어 쪄내어 건조해 사용했다.[제주도 민속자연사 박물관 자료 참고] 제주에서는 미역 등 해조류를 채취하기 위해 종개호미와 줄아시 등을 이용하고 어패류를 채취하기 위해서는 빗창, 성게골각지, 소살 등을 사용했다.

망시리는 좀녀들이 채취한 해산물을 넣기 위해 사용하는 주머니다. 망시리의 재료는 짚이나 억새의 속잎, 자오락 등이다. 최상품은 억새의 속잎인 미로 짠 '미망시리'이다. 1960년대 화학섬유가 생산되면서 천연재료가 나일론으로 대체되었다. 짚으로 짠 망시리는 물을 머금으면 무겁고 축 처지며 수명이 짧지만 나일론으로 만든 망시리는 단단하고 수명이 길다. 물에서 사용하는 망시리는 대부분 물에 젖어 있거나 제주의 기후가 습해서 보관할 때는 반드시 걸어서 보관하는 것이 좋다.

과학기술의 발달과 신소재의 개발로 어로 도구는 단단해지고 질겨졌으며 종류도 다양해졌다. 실제 모양과 같게 만든 인공 미끼와 기계를 이용해서 만들어내는 그물은 선박과 어종의 크기에 맞춰 여러 형태를 빠른 시간에 쉽게 만들어냈다. 어구와 어선의 발달로 먼 바다로 나갈 수 있게 되었으며 어로 작업 시에도 기계를 이용해서 그물을 끌어 올린다. 잡은 고기는 배 안에서 급속 냉동을 시켜 신선도를 유지하거나 수족관에서 살려 육지로 이동시킨다. 어선이 대형화되고 대해大海에서 하는 고기잡이는 일정한 인원이 각자의 역할을 맡아 협동작업으로 했다.

ᄇᆞ름風 이야기

바람은 제주어로 ᄇᆞ름, ᄇᆞ름이라고 한다. 바람은 제주 초가의 모양과 집이 앉은 방향, 풍향 수樹, 돌담 등의 독특한 경관을 만들어 냈다.

바람은 생계 어로 활동을 하는 어민들의 생사에 커다란 영향을 미쳤다. 김성백 어르신은 풍선風船 3척으로 고기잡이를 했었다고 한다. 그는 "대정은 남쪽이라 하늬바람[북풍]이 불 때 물이 잔잔해서 바다에 나가기 좋았었다. 동쪽으로는 마라도와 가파도까지 갔었다. 샛바람[동풍]이나 갈바람[서풍]이 불어오면 파도가 거칠다. 풍선을 타면 밀물엔 배가 서쪽으로 가기 때문에 고기가 아무리 많이 잡혀도 그 전에 와야 한다. 파도가 거세지는 것은 바람 방향만 봐도 알게 된다. 하늬바람에 안개가 위험하다. 안개는 동서남북을 구분할 수 없다. 풍선을 타고 나갔는데 샛바람이 불면 바람이 반대로 부는 것이라서 들어오지 못한다. 그때는 바람에 풍선이 갈지자로 움직이기에 바람이 잠시 멈췄을 때 물때 따라 노를 저어서 들어오려면 힘들었다"며 바람에 따라

위·풍향수
아래·태풍이 이는 바다

배의 진행 방향이 달라져 조심해야 한다고 말했다.

어민들은 오랜 경험에서 바람의 냄새와 살갗에 와닿는 느낌으로 일기日氣를 예측하기도 했다. '바당 울곡 산 가찹게 뵈민 날 우친다[바닷물이 출렁이고 산이 가깝게 보이면 비가 온다]'거나, '날 우치젱 ᄒᆞ민 절 울린다[날씨가 나빠지려 하면 물결 출렁이는 소리가 크다]'는 속담에서 자연현상을 보고 날씨를 예측하였던 선조들의 지혜를 알 수 있다. 절기에 따른 계절의 변화를 알고 바람의 방향과 주변의 환경을 살피고 배를 띄워야 하는지 결정했다. 풍선을 타고 어로작업을 할 때는 물의 흐름인 조류를 알고 바람의 방향이나 계절풍을 잘 이용해야 무사히 육지로 돌아올 수 있었다.

거센 바람이 부는 날은 어부들이 쉬는 날이기도 했다. 제주시의 한 좀녀가 "어느 해안가 마을에는 어부들이 날 센 날만[바람이 많이 부는 날] 각시하고 자난. 애기 하나 나문[애기를 낳으면] 동갑이 한덴[많다] 했다. 바람이 많이 불거나 물때가 맞지 않아 어부들이 바다에 나가지 못해 집에 머무는 기간이 길어진 결과"라고 귀띔해 줬다.

옛날 제주로 유배되어 오는 사람들은 주로 제주목 관아와 가까운 거리에 있는 화북포구와 조천포구로 왔었다. 그러나 바람으로 인해 계획대로 되지 않는 경우도 있었다. 고부 이씨 입도조인 이세번은 풍랑으로 인해 서귀포 대정읍 둔포포구[지금의 신도포구]로, 광해군은 어등포[지금의 구좌읍 행원리]로 들어왔다고 한다. 또한 제주 해역을 지나는 배들이 풍랑으로 난파되어 제주도에 구조를 요청하거나 제주 배가 거친 파도에 밀리어 일본이나 중국, 필리핀으로 표류되기도 했다.

거센 바람은 흉년을 견뎌야 하는 제주 사람들을 더 힘들게 했다. 조선시대 제주민을 위한 구휼미가 제주도로 오는 중에 풍랑으로 침몰되거나 제주도에 배를 댈 수가 없어 되돌아가 식량을 공급받지 못하여 사망자도 생겼었다.

『제주풍토기』에 제주를 오고 갈 때 바람의 중요성에 대한 기록을 볼 수 있다. "탐라 섬은 바로 호남의 동이요, 영남의 남쪽에 있어서 바다를 사이에 두고 떨어져 있음이 수천 리요, 남쪽으로는 일본·유구가 그 바다를 같이하고 있다. 이 섬에 들어가는 데는 반드시 서북풍이 필요하고, 나오는 데는 동남풍을 이용하게 된다. 만일 순풍을 얻을 수 있다면 외로이 홀로 떠 있는 작은 배라도 아침에 출발하여 저녁에 도달할 수 있으나, 순풍이 아니면 아무리 빠르고 억센 매나 송골매의 날개가 있다 하더라도 건널 수가 없는 것이다. 파도는 동남풍에는 낮고 서북풍에는 매우 높아진다. 그러므로 들어갈 때는 그 세勢가 조류를 따라 내려가는 것 같아서 배 가기가 매우 쉬우나 나올 때는 조류를 거슬리게 되므로 배가 항해하는 데 매우 힘들어 나올 때 곤란함은 들어갈 때

보다 배倍나 힘들다"[1]고 하였다. 바람이 배를 움직이는 에너지인 것이다.

제주에서는 음력 2월 초하루부터 보름까지 '영등절'이라 한다. 영등절에는 바람을 관장하는 신神인 '영등할망'을 맞이하고 보내는 영등굿을 하며 제주 사람의 무사 안녕과 풍년을 기원한다. 계절이 바뀌는 시기에 심한 일기의 변화가 있음을 알 수 있다. 영등절에는 바다 작업을 하지 않는다.

바람은 정체되었던 바닷물을 흔들어 물속의 산소포화도를 높여준다. 바람에 의해 물속 생물들이 편안하게 숨을 쉴 수 있고 바닷속에 머물러 있던 미역이나 파래, 감태, 듬북, 몸 등의 해조들이 해안가 주변으로 밀려왔다. 어민들은 돌 위로 올라온 해초들을 걷어 식자재로 활용하거나 말려서 밭의 거름으로 사용했다. 감태는 땔감으로도 사용했고 일제강점기 일본인은 알긴산과 옥도 원료로 감태를 가공해서 본국[일본]으로 보내기도 했다.

바람은 동·서·남·북의 4개 방위에서 8개의 방위로 세분화되기도 한다. 민속학자 진성기는 바람이 불어오는 방향에 따라 불리는 이름이 있다고 하였다. 북풍은 하늬ᄇᆞ름, 동풍은 샛ᄇᆞ름, 남풍은 마ᄑᆞ름, 서풍은 갈ᄇᆞ름이라 했다. 북풍과 동풍 사이에서 불어오는 바람으로 방향에 따라 놉하늬ᄇᆞ름, 놉샛ᄇᆞ름, 두

1 이건, 「제주풍토기」, 김태능 옮김, 『탐라문헌집-29호』, 제주도교육위원회, 1976, 194쪽.

셋ᄇᆞ름, ᄀᆞᆺ샛ᄇᆞ름이 있고, 동풍과 남풍 사이에는 신샛ᄇᆞ름, 울진풍, 산부새가 있다. 남풍과 서풍 사이에는 섯마ᄑᆞ름, 섯갈ᄇᆞ름이, 서풍과 북풍 사이에서 부는 바람은 늦하늬ᄇᆞ름, 섯하늬ᄇᆞ름이라 각각 불렀다.[2] 같은 방향에서 불어오는 바람도 지역에 따라 다르게 불리기도 했다.

제주에서는 돌풍을 '돗궁이바람'이라 하고, 갑자기 이는 폭풍은 '강쳉이', 잔잔했다가 갑자기 거센 바람이 이는 것을 '도깽이ᄇᆞ름', 태풍을 예고하는 바람을 '들ᄇᆞ름'이라고 한다. 한라산에서 불어오는 갈바람이 제일 위험하다. 한경면 용당리에서는 남동풍을 '산부새'라 하는데 이 바람은 한라산에서 건너오는 바람이라서 농작물에 피해가 크다고 한다. 바람도 크게 불지 않고 날씨도 좋은데 파도가 거칠게 우는 것을 '마나숨' 들었다고 한다. 이 시기에는 바다에서 작업을 하지 않았다.

애월읍의 좀녀는 "우리 마을에서는 북에서 부는 건 하늬ᄇᆞ름이라 한다. 하늬ᄇᆞ름은 날이 우치지 않고 남자같이 걸걸하고 시원하다. 동으로 부는 건 샛ᄇᆞ름이라 한다. 샛ᄇᆞ름은 큰어멍이라고 했다. 샛ᄇᆞ름은 바람이 세게 불어도 곡식을 헤치지 않고 크게 불어도 저녁때가 되면 아들 일곱성제 밥해주젠 잔댄[멈춰] 했다. 한라산으로 봄이 나면[되면] 마파람이 부는데 그건 몽니부

2 진성기, 『남국의 민속』, 교학사, 1980, 196~197쪽.

련 곡식 다 데와 불고[넘어트리고] 사람은 더워서 애먹잖아 그건 씨앗, 족은 각시라 한다. 바람 중에 가을 겨울에 부는 하늬가 최고 좋다"라고 말했다.

바람을 이용하여 전기를 얻기 위한 풍력발전기가 1975년에 제주에서 처음으로 제동목장에 세워졌다. 현재는 신재생에너지로서 풍력을 이용한 발전기가 김녕과 동복, 북촌, 행원, 한경면 두모리, 행원 등 여러 곳에 세워져 전력을 생산하고 상품화시키고 있다. 육상의 풍력 단지에서 해상풍력으로 바람의 활용 범위가 넓혀지고 있다.

해상풍력

어촌의 시간, 물때

물때에 따라 바닷물의 높낮이가 바뀌며 해안가의 풍광이 변화한다. 해안가의 돌과 바닷물이 만나는 부분에 물거품이 생기는 모습을 보고 '물이 봉봉 들었다'고 한다. 밀물의 시작을 알리는 모습으로, 걸어 다녔던 길이 어느새 물이 차며 사람의 접근을 차단한다. 집안까지 들어올 것 같은 바닷물도 적정한 선에서 멈춰 선다. 썰물 때가 되며 점점 드러나는 해안, 보이지 않던 바닷속 '여'들이 마치 작은 섬처럼 물 위에 떠오르고, 그 여와 여를 이어 만든 원담도 모습을 드러내며 바닷길처럼 누워 있다. 마을 사람들도 먹을 것을 찾아 원담으로 나가며 분주해진다.

어민과 좀녀들은 날짜를 말할 때 "오늘이 며칠이지"라는 말보다 "오늘 몇 물이지"라고 한다. 또 "한 시간 뒤에 물이 나가기 시작한다"거나 "오늘은 낮 물이니 보말 잡으러 간다"고 하며 시간도 물때에 맞춰서 말했다.

물때에 맞춰 변하는 바다를 알고 대응할 수 있는 것은 학습을 하지 않아도 오랜 세월 그곳에서 생활하면서 경험으로 터

득한 것이다. 조수간만의 차에 따라 해수면의 높이가 달라짐으로 물때를 아는 것이 언제 바다에 나가야 하는가를 아는 것과 같다. 고기가 드는 때와 나가는 때, 물의 깊이에 의해 작업을 할 수 있는 때와 없는 때를 아는 것은 생계와도 연결이 된다. 어민들의 일상생활 활동은 물때에 맞춰져 있다.

바닷가에는 하루에 두 번 규칙적으로 수면이 오르내리는데 이것을 조석潮汐이라 하고 조석 현상으로 일어나는 바닷물의 흐름은 조류潮流라 한다. 물때는 하루에 두 번씩 바닷물이 들어오고 나가는 밀물과 썰물을 말한다. 물때는 달을 중심으로 하기에 음력을 기준으로 15일 간격으로 되풀이된다. 만조에서 다음 만조 때, 간조에서 다음 간조 때까지 걸리는 시간을 조석주기라 하는데 이 주기는 약 12시간 25분이다. 그러므로 달이 뜨는 하루 시간 간격은 약 24시간 50분이 된다.

밀물과 썰물이 진행되는 시간은 제주시, 서귀포시, 제주시 서부, 제주시 동부 등 지역에 따라 다르다. 제주시 용담동과 제주시에서 동쪽 지역의 평대리, 한동, 종달리, 성산동, 서귀포시 법환동은 음력 1일을 여둡물로 시작을 하고, 제주시에서 서쪽 지역인 고산리와 화순, 중문, 색달동, 영락리 등은 음력 1일을 일곱물로 시작한다.

해안가에서 바닷물이 빠지길 기다리던 대포동의 한 어르신은 고슬물은 잘 안 싼다고[물이 잘 빠지지 않는다]고 말하며 지키던 바다를 바라봤다. 고슬물이 무엇이냐는 질문에 "밀물 때

같은 장소 다른 느낌
위·밀물 때
아래·썰물 때

바닷물이 많이 들어와 높이 드는 물을 가을에는 '고슬고슬'이라고 했었다. 물때는 초여드레 한조기, 아흐레 분할, 10일부터 ᄒᆞᆫ물로 들어가 12물이 막물, 13물이 아끈조기, 14물이 한조기, 15일을 분할이라 한다. 바다 물질은 한조기[8일]부터 시작해서 다섯물까지 한다"고 하며 마을마다 물때가 다르고 좀녀들도 바다에 아무 때나 들어가는 것이 아니라 물때에 맞춰 물질을 한다고 한다.

태양과 지구, 달이 직각의 위치에 놓여 상현과 하현 달이 뜨는 시기인 음력 8일과 23일경[12물에서 15물]에는 조수간만의 차가 가장 적을 때로 줴기·한줴기·아끈줴기·부날·조금·소조기 등으로 부른다. 이 시기에는 조수간만의 차가 크지 않아 원에 멜 등이 들어오지 않아 원담 어로 작업을 하지 않는다. 음력 보름과 그믐에는 태양과 지구, 달이 일직선에 위치해 있어 조수 간만의 차가 클 때로 웨살·사리·대조기라 하고 원에 고기가 많이 드는 때다.

음력 3월 보름날은 일 년 중 조수간만의 차가 가장 클 때로 고기들의 이동이 활발하여 원담 안에 많은 고기가 들어왔다. 이때 고기 잡으러 나가지 않고 집에 있으면, '도둑질 하젠 집에 들엄저?[도둑질하려고 집에 있는가?]' 하거나 '삼월 보름 물찌엔 선비의 부인도 해물을 주우러 책함冊函을 지고 바닷가로 간다'라는 속담이 있다. 그러나 이 시기에 태풍이 오면 바닷물이 범람하여 해안가 마을에 피해를 줄 수도 있다. 웨살 때는 물살이 세서 물질이나 자망어업을 하러 바다로 나가지 않았다.

제주가 태풍의 영향권에 들거나 바람이 많이 분다는 이야기가 방송을 타는 날에는, 바닷물이 넘쳐 바다 바로 옆에 있는 집이 물에 잠기지는 않았는지 안부를 묻는 서울 가족에게서 전화벨이 계속 울린다.

원담이 주는 제주 식食문화

어부들이 테우나 풍선을 타고 바다로 나가 고기를 잡을 때는 생존에 대한 불안감을 갖고 작업을 해야 했다. 갑자기 부는 돌풍과 급격한 물길의 변화로 사고 위험에 노출되어 있기 때문이다. 그러나 조간대에 있는 원담은 자연이 주는 소중한 양식인 해산물을 안전하게 얻을 수 있는 식량창고였으며 원담에서의 고기잡이는 가족의 생계에 도움을 주는 어로 활동이었다.

1) 원담 안의 멜 궤기 풍년

원담을 아는 사람들은 원담과 멸치를 같이 떠올린다. 궤기[고기]가 많이 들어올 때 원담 안에는 멸치로 가득했다. 원 안에 멸치가 들어왔다는 것을 알리는 연락병도 있었다. 제주에서는 멸치를 '멜'이라고 한다.

멸치는 원담에서 가장 많이 잡히는 고기다. 이른 새벽

시간의 썰물에 멸치가 많이 잡혀 사람들은 잠을 설치고 원담으로 갔다. 어른들은 수확의 기쁨을 상상하고 잰걸음으로 달려가며 큰 아이들을 깨운다. 하지만 잠이 많은 아이들은 더 자겠다며 부모님과 실랑이를 하곤 했다. 힘들게 나섰던 아이들도 원담에 가면 빠르게 유영하는 멸치 잡는 놀이에 피곤함을 잊어버리곤 했다.

제주에서는 장사하는 곳을 방문했는데 그곳에 손님이 많으면 "저 집에 멜 들엄저"라고 말한다. 그 말은 한가했다가 갑자기 많은 사람이 일시에 들어왔을 때 하는 말로 원담 안에 멸치 떼가 들어오는 상황과 비슷해서 하는 말이다.

멸치는 밝은 빛을 좋아하고 떼를 지어 다니는 습성이 있다. 멸치가 바다에서 유영하는 모습은 검은 구름이 몰려다니는 것 같다고도 한다. 그 무리가 원담 안에 들어오는 날은 어촌 마을의 잔칫날이다. 원담 안으로 들어오는 멸치를 먹기 위해 따라 들어 온 갈치와 고등어를 잡는 행운도 생긴다. 물이 완전히 빠져 바닥이 보일 때 원 바닥이나 돌담 틈에 있는 고기를 줍기도 한다. 멸치가 많이 잡히거나 먹을 수 없는 것은 거름으로 사용했다.

제주로 오기 전에 보고, 먹었던 멸치는 딱딱하게 건조된 것으로 작은 것은 볶음으로, 크다고 생각되는 것은 머리와 내장을 발라내고 고추장에 찍어 먹거나 육수용으로 사용한 멸치였었다. 제주에서 날生 멸치를 처음 봤다. 원담 안에서 잡히는 멸치는 크기가 10cm 정도 되는 것들로 일반적으로 접하는 멸치보다 컸다. 생선같이 살을 발라 먹을 수 있는 크기도 아니고 뼈까지 통째로 먹기에는 큰 것이 팔딱팔딱 뛸 때, 나는 쉽게 다가가지 못했다.

멸치라는 이름과 관련된 최초의 문헌은 영조 26년(1750) 『균역행람』에 "전라도 균세사均稅使가 각종 어망에 대해 조사를 한 후 멸치망은 찬거리를 장만하기 위한 소규모 어구로 구분되어 세금이 부과되지 않았다"[1]는 기록이다.

원담에서 잡은 멸치로 커다란 수익을 얻기보다는 소소한 반찬으로 사용하거나 멸치 풍년이 들면 여성들이 동네로 팔러 다녔다. 대정읍의 한 어르신은 "창피해서 멜 삽서 라는 말을 못 했다. 마을에 가면 주민이 와서 멜을 사 가고, 사 간 사람이 저기 멜 판다고 하면 다른 사람이 와서 사 갔다. 얼마에 팔았는지는 정확지는 않지만 10원어치, 20원어치 하며 판 것 같고 곡식 받겠냐고 하면 쌀이나 보리로도 받았다. 돈은 모아서 고바치[옹기 만드는 곳]에 가서 옹기 한 줄[12가지 종류의 옹기]을 샀었다"고 한다.

싱싱하고 큰 멸치는 배추를 넣고 국을 끓이거나 조림을 하고, 밀가루 반죽을 입혀 튀겨서 먹었다. 생멸치를 마른 멸치로 만들 때는 잡은 즉시 삶아서 바짝 말렸다. 원담 안에서 잡은 멸치를 삶기 위해 원담 주변 빌레에 큰 솥을 걸어 놓고 물을 끓였었다. 오래 삶으면 멸치의 모양이 없어지므로 멸치를 망에 담아

1 김수희, 『근대의 멸치, 제국의 멸치』, 아카넷, 2015, 23쪽.

끓는 물에 넣었다 바로 건져서 널어야 한다. 이때 땔감은 죽은 나무뿌리나 잔가지, 보릿대도 사용했으나 주로 솔 섶[마른 솔잎]을 사용했다.

제주시의 강문선(여, 1967년생)은 "옛날 바닷가에서 살 때는 원담에서 잡은 꽃멜로 멜젓을 담았다. 꽃멜로 젓갈을 담그면 멸치의 모양이 흐트러지지 않고 쫄깃하다. 다른 멜로 젓갈을 만들면 흐무러지고 모양이 없어진다"라고 했다. 그녀의 아버지는 멜 회무침을 잘 만들어 주셨다고 한다. "갓 잡은 싱싱한 멸치로 회무침을 만들 때는 작은 멸치는 살이 적어서 안 하고 큰 것을 골라서 사용하셨다. 먼저 비늘을 제거하고 왼손으로 멸치의 머리 쪽을 잡고 오른손 엄지손가락으로 멸치 꼬리 쪽으로 쭉 밀면 살이 발라진다. 양쪽으로 하고 나면 머리와 가운데 뼈만 남게 된다. 발라진 고깃살을 그릇에 담고 빙초산과 된장, 고추장을 약간 넣고 버무려 주셨다. 멸치 살이 물컹해서 씹는 식감은 쫄깃하지 않으나 기름기가 있는 고기라 맛은 베지근하고 된장과 고추장이 어우러져 맛이 좋다. 어느 날은 큰오빠가 멜 회무침이 맛있다고 하며 많이 먹었다. 너무 많이 먹는 것 같아 걱정했는데 그날 오빠가 외출하려고 한질[버스정류장]로 나갔다가 설사 때문에 집까지 뛰어온 적도 있었다. 멸치 회무침도 너무 많이 먹으면 설사를 한다"고 하며 원담에서 멸치 잡던 것과 생전의 아버지 이야기를 하며 그때는 당연하다 여겼던 것들이 추억이 되고 그리워진다고 했다.

나는 제주에 처음 왔을 때 회무침이나 물회를 만들 때 빙초산 넣는 것을 보고 놀랐었다. 그러나 어촌 마을에서는 많은 사람들이 음식에 식용 빙초산을 사용하고 있었다. 빙초산 맛에 익숙해지면 2배, 3배 식초도 식초 맛이 약하게 느껴진다. 빙초산이 몸에 좋지 않다고 하여 지금은 사용하지 않는다.

제주에서 꽃멜이라 불리는 것은 샛줄멸이다. 샛줄멸은 청어과이고 멸치는 멸칫과로 서로의 생태조건이 다르다. 샛줄멸은 비양도에서 많이 나지만 원담에서도 잡혔다. 일반적인 멸치로 담근 멸치젓은 김치용으로 사용하고 샛줄멸로 만든 젓갈은 그 자체를 반찬으로 이용했다. 샛줄멸에 고춧가루와 참기름을 약간 넣고 버무려 먹거나 구운 돼지고기와 멸치젓을 함께 쌈을 싸서 먹으면 그 맛이 일품이다.

2) 갈치인가 금치인가

결혼 전 친정엄마가 갈치에 무와 고춧가루를 넣은 갈치조림을 해주면 다른 반찬은 필요가 없었다. 동네에 갈치 트럭이 오면 사각 나무상자에 담긴 것을 사서 손질을 하셨다. 소금에 절여진 것만 보다 제주에서 생물 갈치를 보고 "와 너무 이쁘다"라는 감탄이 절로 나왔다. 은백색의 갈치를 제주에서 처음 봤다. 그 몸통의 탱탱함과 밝은 은백색, 투명한 비늘의 물결에 반해서 한동안 바라봤다.

갈치는 제주도의 대표 어종이다. 갈치구이나 조림이 밥상에 올라오면 행복한 만찬으로 포만감도 배倍가 된다. 타지에 나갔던 아이들이 집에 오는 날은 두툼한 갈치를 구워 양념장을 발라주면 "역시 엄마 밥이 최고야" 하며 엄지척을 해준다. 언제부터인가 어획량이 줄어 비싸진 가격에 수요자도 줄고 밥상에 올리려니 비용 부담에 금치라는 말도 생겼다.

제주에서 옥돔이나 우럭, 조기, 문어, 소라, 전복 등의 해산물은 조리를 해서 제사상에 올리는데 갈치는 비늘이 없는 생선이라 해서 올리지 않는다. 멸치를 쫓아 원담 안으로 들어왔다가 담에 걸려 나가지 못한 것을 잡기도 했다. 갈치를 잡는 날은 운이 좋은 날이다. 갈치를 손질할 때 내장에 소화되지 않은 멸치가 있기도 했다.

작지만 동력선을 이용해 먼바다까지 나가 고기를 잡기 시작한 것은 1940년대 후반이었다. 동력선이 생기기 이전, 갈치가 풍부했던 제주해역에는 청국과 일본의 배들이 자주 침입하여 갈치를 잡아갔다. 어선이 열악한 우리 어부들은 어쩔 도리 없이 바라만 봐야 했었다.

갈치는 배가 고프면 자기 꼬리를 먹기도 한다. 그러한 습성을 이용해 갈치 잡는 미끼로 갈치를 사용하기도 한다. 제주시의 이철민(남, 1961년생)은 갈치 낚시를 할 때 미끼로 갈치 살을 회를 치듯이 베껴내고 토막을 내서 사용했다고 한다. 그는 "최근에 갈치를 잡을 때는 냉동된 꽁치를 미끼로 사용했다. 냉동된 꽁치가 풀리면 등뼈를 기준으로 2등분을 해서 껍질은 제거하지 않고 살을 네 토막으로 잘라서 사용한다. 고등어도 같은 방식으로 사용한다"고 하며 낚시에 필요한 장비와 방법을 소개해 줬다.

어촌이 고향인 강철호는 "미끼로 사용하는 것은 작은 갈치를 사용하기에 뼈가 연하여 살을 발라낸 뼈는 햇볕에 말려서 기름에 튀겨 먹었다. 장어 뼈를 기름에 튀겨 먹듯이 갈치 뼈도 튀겨 먹었는데 우린 그것을 '민멀랭이'라 하고 그 맛은 지금도 잊을 수가 없다"고 했다.

갈치는 조림이나 구이, 국으로 이용되고 회로도 먹는데 낚시할 때 즉석에서 회를 먹지 않으면 살아 있는 것을 먹을 기회가 흔치 않다. 식당에서 판매되는 갈치회는 가격이 비싸다. 갈치 표면의 은색은 구아닌이라는 미세한 독성이 있어 배탈이 날 수도 있으니 회로 먹을 때는 손질을 잘해야 한다.

싱싱한 갈치로 국을 끓이면 국 표면에 은색이 떠오른다. 서울에서는 생선으로 국을 끓이는 것도 보지 못하였는데 비늘 같은 것이 떠 있는 갈칫국을 처음 접했을 때는 쉽게 먹지 못했다. 지금은 갈칫국의 베지근한 맛이 그리워 호박 수확 철이 되면 갈칫국을 찾게 된다.

갈치를 저장할 때는 소금을 뿌리지 않고 손질한 생물을 진공 포장해서 급속냉동한 후 조리할 때 양념을 하는 것이 갈치 고유의 맛을 느낄 수 있다. 소금을 뿌려 저장하면 갈치 살이 굳어지는 경향이 있다. 갈치 내장으로 만든 젓갈을 갈치속젓이라고 한다.

3) 영양 가득, 값싼 고등어

얼마 전 미세먼지의 주범으로 고등어가 거론되어 사람들의 식탁에서 멀어진 적이 있었다. 고등어를 구울 때 나오는 연기가 문제라 조리 방법을 달리하면 문제가 없는데도 불구하고 고등어 자체에 부정적 이미지가 씌었다. 등푸른생선으로 비싸지 않은 가격에 그만한 맛과 풍미를 얻을 수 있는 생선도 별로 없는데 말이다.

고등어는 따뜻한 해류를 따라다니는 회유성 어종으로 밝은 빛을 좇는 성질이 있고 먹이인 멸치를 따라 원담 안으로 들어오기도 했다. 성질이 급하여 잡히면 금방 죽는 특성이 있었으나 양식 기술의 발달로 살아 있는 고등어를 보기 쉬워졌다. 최근에는 제주도에 고등어회를 판매하는 집이 증가하고 있다. 성질 급한 고등어가 횟집 수족관에 갇혀 빙빙 돌고 있을 수 있는 것은 먼바다에서 고등어를 잡은 뒤 가두리 양식장에서 적응을 시킨 후 수족관에 담아 놓기 때문이다. 고등어 회를 먹을 때는 생김에 양파를 올리고 포 뜬 고등어 살을 소스에 찍어 양파 위에 얹어 먹는다. 베지근하고 깊은 맛은 있지만 기름진 맛으로 많이 먹지는 못

했다.

고등어는 단백질이나 칼슘, 오메가3 지방산을 함유하고 있는 식재료이나 잘못 섭취하면 식중독을 일으킬 수 있다. 고등어 내장의 소화효소가 부패를 빠르게 하기에 냉동 고등어는 꺼내서 바로 조리하거나 해동은 냉장실에서 하는 것이 안전하다. 특히 여름에는 유기물질이 많이 만들어지므로 회로 먹지 않는 것이 좋으나 회로 섭취할 때는 주의를 기울여야 한다.

고등어는 적당한 크기로 잘라 무나 무청을 넣어 조림을 하거나 큰 것은 배를 갈라서 소금을 뿌리고 꼬들꼬들하게 말려 저장했다 먹는다. 싱싱한 고등어는 무를 채 썰어 넣고 국을 끓이거나 죽을 만들었다. 국이나 죽은 식은 뒤 데워 먹을 땐 비린내가 나기도 하여 한 끼 먹을 정도로 하는 것이 좋다.

콩을 수확할 시기엔 야외에서 고등어를 구워 먹었다. 이것을 고갈비라고 한다. 콩알을 털어낸 콩깍지와 콩고질[콩대]를 모아 불을 붙이면 불꽃이 와랑와랑[세게 올라온다]한다. 세게 붙은 불이 줄어 잉걸이[불이 이글이글하게 핀 숯덩이] 남았을 때 그 위에 석쇠를 올리고 고등어를 굽는다. 직화로 구워 고기가 그을려 조금은 검게 되지만 고기에 짚 냄새도 스며들고 기름도 제거되어 독특한 맛이 있다. 고등어가 많이 잡힐 때는 알개미 젓갈을 만들어 저장했다 먹는다. 밥상에 알개미 젓갈과 배추만 있어도 훌륭한 식사가 되었다.

제주의 토질은 화산토로 농사를 짓는 데 어려움이 있

었다. 화학비료가 나오기 전 어족자원이 풍부할 때는 지력을 높이기 위하여 고등어도 말린 멸치와 함께 건조해서 비료로 썼다. 또한 통조림 재료로 사용하거나 간유를 추출하여 약용품을 만들기도 했다.

고등어가 연안에 떼를 지어 들어올 때는 후리그물[그물을 물속에 넓게 둘러치고 양쪽 끝을 끌어당겨 물고기를 잡는 어법]이나 정치망[일정한 자리에 그물을 쳐 놓고 고기떼를 그 안으로 끌어들여 잡는 어법]으로 잡았다. 고등어는 난류성 물고기라 그물 밑으로는 빠져나가려 하지 않고 그물 옆과 위로만 빠져나가려는 습성을 가지고 있다.

4) 고망 속 숨어 있는 우럭과 볼락 낚시

볼락은 해안가에 있는 바위 사이에서 서식한다. 사람들이 낮에는 일하고 밤에 집으로 들어와 쉬듯이 볼락도 원담의 틈 사이에 자신의 집을 정하여 낮에는 바다에서 놀고 밤에는 집으로 들어오는 습성이 있다. 옛날 일본의 나가사키현長崎縣 어부들이 제주도에서 볼락을 잡아 일본으로 가져가 판매했을 정도로 제주 볼락이 인기가 있었다. 우럭[패감시, 패감생이]은 언제나 돌 틈에 서식하면서 멀리 헤엄쳐 나가지 않는다. 조피볼락을 제주에서는 우럭이라고 한다.

겹담이나 다겹담으로 만든 원담 위는 사람들이 다닐 수 있을 정도로 평편하여 그곳에서 돌 틈에 낚싯대를 꽂아 볼락과 우럭을 잡았다. 볼락은 지느러미 가시가 세고, 우럭도 가시가 세고 많아 손질하거나 먹을 때 조심해야 한다. 우럭과 볼락조림은 적당한 크기로 잘라 된장과 멸치 액젓, 마늘, 고추, 파, 참기름을 넣어서 조린다. 원담에서 갓 잡은 볼락과 우럭으로 만든 조림은 고기가 싱싱해서 맛이 특별하다.

두 생선은 배를 갈라서 소금으로 짭짤하게 간을 한 뒤 말렸다가 구이를 해서도 먹는다. 우럭의 고깃살은 쫄깃하고 담백하며 흩어짐이 적고 굽기도 좋아 옥돔과 같이 제사 때 지숙으로 사용한다. 구운 고기는 식어도 맛이 있어 야외로 나갈 때 도시락 반찬으로 많이 활용했다.

5) 냄새는 있지만 맛있는 독가시치

제주도에서는 '따치'라고 부른다. 물이 빠진 원담 돌 틈에 맨손을 넣어 잡거나 원 안의 바닥에 있는 돌을 들춰내고 잡기도 했다. 가시에 독이 있어 맨손으로 잡다가 가시에 찔려 고통을 호소하기도 한다. 고기가 커서 잡을 때 기분이 좋고 마리당 고기의 양이 많다.

옛날엔 큰 것은 먹고 작은 것은 버릴 정도로 많이 잡혔던 고기였다. 그만큼 어족자원이 풍부했음을 알 수 있다. 고기에서 진독 냄새가 나는 듯이 역한 맛이 나기도 하지만 간장에 조리면 역한 냄새는 없어진다. 배드래기나 감성돔을 낚았을 때도 비슷한 냄새가 난다. 독가시치를 회로 먹을 때는 냄새를 제거하고 육질을 탱탱하게 하기 위해 껍질을 벗겨낸 육질을 얼음에 넣었다 먹는다.

6) 물을 넘나드는 은어와 숭어

은어와 숭어는 민물과 바닷물이 섞이는 곳에 주로 서식하였다. 은어는 중문이나 외도의 바닷가와 담수가 나오는 곳 주변에서 많이 서식하였다. 『지영록』 갑술년(1694) 9월 19일의 기록에 "도그내 都近川 [제주시 외도1동과 내도동 사이로 흐르는 내]는 조수가 포구로 서로 통한다. 동·서 촌락이 2백여 호나 되어 가장 번성하다. 하천변의 위아래로 암석들이 번갈아 가며 서 있고, 평원이 온통 바라보여 경치가 좋고 은어가 여기에서 많이 난다. 은어바치 銀魚匠를 정해서 3월부터 10월까지 신역 身役을 면제해 주어 관 官에 바치게 한다"[2]라고 했다. 은어는 일급수에서

2 이익태, 김익수 옮김, 『지영록』, 제주문화원 김봉오, 2019, 47쪽.

생활하는 어종으로 일반인이 섭취하기 위해 잡기보다는 진상을 위해 잡았었다.

『한국 수산지』에 "숭어는 바다에서 들어오는 새끼 숭어를 종달리 부근에 있는 표주박같이 생긴 만灣(숭어원)에서 양식했다. 바다 쪽의 가장 좁은 곳을 막아 수갑水閘을 만들어 연못처럼 만들었다. 개인의 소유이며 숭어의 크기가 15~18cm 정도 되면 판매를 했다"고 기록했다.

성산읍 신풍리 원담 주변에는 밀물 시 큰 숭어들이 이끼를 뜯으러 많이 올라오곤 했는데, 숭어가 이끼를 물고 뜯기 위해 몸을 회전시킬 때 흰 배가 햇빛에 반사되어 멀리서도 숭어라는 것을 알고 원담 안으로 들어오길 기다렸다가 잡았다고 한다.

제주에서 생활하며 은어와 숭어를 맛볼 기회가 많지 않았다. 은어 튀김을 처음 접했을 때는 멸치 튀김으로 알았을 정도로 모양이 비슷했다. 숭어는 회나 구이, 찜을 해서 먹으나 은어와 같이 많이 찾지 않는 생선이다.

7) 배불뚝이 복젱이

'숭어 뛰면 복젱이[복]도 뛰당 원담에 배 걸령 죽나'라는 속담이 있다. 이는 위로 뛰어오르는 습성이 있는 숭어가 뛰어오른다고 해서 배가 부풀어 오른 복어가 같이 뛰다가 원담에 배가 걸려 죽는다는 것으로 자신에게 맞는 행동을 해야지 남을 따라했다가는 문제가 생긴다는 것이다. 복어의 배가 부풀어 오르는 것은 소화기관인 위가 불룩해지는 것이다. 복어를 낚아 올리면 '굿굿' 하고 소리를 내면서 배를 부풀린다. 복어는 적을 만나면 물을 체중의 2배 이상 마셔 덩치를 크게 한다.

바닷가 마을에서 살았던 강철호는 "옛날에는 잡은 복을 놓아 주기도 하고 집으로 가져온 것은 지리로 먹거나 말려서 먹었다. 1970년경에 아버지께서 잡은 30cm 정도 되는 복어의 배를 아버지가 직접 갈라 내장을 깨끗이 씻은 뒤 돌담에 툭툭 던져서 널어 꾸덕꾸덕하게 될 정도로 말렸다. 그때는 말려서 먹을 정도로 많이 잡혔다. 당시에는 생선을 회로 먹는 경우가 흔치 않아 복어회도 먹지 않았다. 말릴 때 복어에 파리가 앉기도 했지만 털어내고 먹었다. 말린 복어를 간장에 조려서 먹으면 고기는 쫄깃하고 맛있었다"라고 말하며 지금 같으면 위생상 먹지 못하겠지만 먹는 것이 풍부하지 않을 때라 더 맛있었던 것 같다고 했다.

복어의 손질은 전문가에게 맡기는 것이 안전하다. 복어의 알과 내장에 독이 있어 주의가 필요한 생선이다. 잘못 손질된 복어를 먹고 사망하는 경우도 발생한다. 탕에 미나리를 넣으면 해독하는 효과가 있으며, 무를 같이 넣어서 끓이면 국물이 시원하고 담백하다. 접시 바닥이 보일 정도로 얇게 썰어 놓은 복어회는 하나의 예술 작품을 보는 듯했다.

8) 자기 자리 지키는 자리돔

제주도 모든 연안에서 잡히는 어종으로 어기漁期는 남쪽 해안에서는 4~10월, 북쪽은 6~8월이다. 원담에서는 먹이를 쫓아 원 안에 들어왔다 갇힌 자리돔을 잡았다. 제주에서는 여름철이 되면 자리물회 맛집을 찾아다니는 사람이 많다. 자리물회를 만들 때는 비늘과 지느러미를 제거하고 뼈째 사용한다. 몸통 부분을 사선으로 얇게 썰어서 식초를 넣고 잠시 두면 뼈가 부드러워진다. 부드러워진 고기에 오이와 미나리 등 야채와 양념을 넣고 버무린 뒤 시원한 물과 얼음을 넣는다. 물회의 요리 방법은 지역마다 다르나 된장으로 간을 하는 곳이 많다. 뼈째 먹는 생선이 익숙하지 않았던 나를 위해 시아버지는 포를 떠서 주시곤 했었다. 작은 고기라 손질도 어렵고 양도 많지 않아 죄송했지만 맛이 좋아 주시는 대로 받아먹었었다.

큰 자리는 구이를 하고 작은 자리는 조림을 해서 주로 먹는다. 자리가 많이 나는 여름철엔 젓갈을 담는다. 다른 반찬이 없어도 배춧잎과 콩잎에 자리젓을 싸서 먹는 것은 제주 사람의 오랜 전통의 맛이다. 누군가는 '자리젓' 맛을 알면 제주 사람이 된 거라고 했다.

잡히는 장소에 따라 자리돔의 요리법이 달라지는데 모슬포 주변 해역에서 잡히는 자리는 바람이 거칠게 부는 파도에 적응해야 하기 때문에 가시가 강하고 고깃살이 탄탄하여 구이에 적합하다. 법환동 주변에서 잡히는 자리는 모슬포 자리보다는 부드러워 물회로 많이 사용한다. 어류들은 바다 환경에 적응을 해야 하고 먹이사슬의 변화에 따라 이동하여 체형과 체질에 변화를 가져오기도 한다.

9) 똑똑한 물고기 문어

제주시 서쪽 마을에서는 '물꾸럭'이라 하고, 제주시 동쪽 마을에서는 '뭉게'라고 한다. 낮에는 암석 바닥이나 돌 틈에 숨어 있다가 밤에 주로 활동한다. 물이 완전히 빠진 저녁 썰물에 사람들은 꼬챙이와 주전자를 들고 원담 주변 해안으로 간다. 가만히 바닥을 주시하다 변화하는 모양을 보고 손을 뻗칠 때마다 한 마리씩 잡는 사람을 보고 있는 내내 신기하여 내가 잡아야 한다는 것도 잊었었다.

문어는 삶아서 숙회로 된장이나 초고추장을 찍어서 먹었다. 제주에서는 제사상에 문어 적갈[산적]도 올린다. 적갈은 문어를 삶아서 적당한 크기로 자른 뒤 참기름과 간장이나 소금을 넣고 버무려 대나무 적 꽂이에 꽂아 팬에서 구워낸다.

좀녀는 수험생이 있는 이웃에 갓 잡은 문어를 선물하기도 했다. 문어가 빨판을 이용해서 돌에 착 달라붙어 있듯이 시험에 붙으라는 의미다. 회복기에 있는 환자의 기운을 북돋기 위해 문어 죽을 만들어 먹였다.

둥근 주머니 모양이 문어의 몸이고 8개의 다리가 있다. 다리와 몸통 연결 부분이 머리로 큰 눈을 가지고 있다. 물고기 중에서 지능이 있어서 학습 능력이 있다고 한다. 우연의 일치일 수 있지만 2010년 월드컵 경기에서 우승팀을 예언하여 맞춘 문어이야기로 인터넷이 뜨겁게 달궈지기도 했었다.

10) 두리번거리며 옆걸음 치는 게

제주도에서는 '깅이'라고 한다. 원담 주변에서 흔히 볼 수 있는 게는 아이들의 놀잇감이기도 했다. 포구와 인접해 있지만 작은 차도를 넘어야 있던 집의 물 부엌과 마당에서도 어떻게 들어왔는지 모를 게들이 자주 기어 다녔다. 아이들은 게의 집게에 물리지 않도록 조심스럽게 집어서 바다에 던져 주곤 하였다.

물이 깨끗했던 바닷가에서는 썰물이 되면 원담 주변에서 게를 잡아 간장에 조리거나 메주콩과 게를 볶아서 반찬으로 요리했다. 제주시 강○○은 "어렸을 때 어머니는 원담에 나가 깅이를 잡아 와 콩을 넣고 간장에 조려 도시락 반찬으로 자주 싸주셨다. 작은 깅이는 맛있는 줄도 모르겠고 돌을 씹는 것 같은 식감에 좋아하지 않았다. 옛날에 게 종류의 반찬을 너무 많이 먹어서 지금도 게 종류를 잘 먹지 않는다"고 한다.

요즘은 사람들이 웰빙 음식으로 게 요리를 찾는다. 작은 게를 통째로 튀기거나 갈아서 죽을 만든다. 껍질에 있는 칼슘과 키틴 물질을 섭취할 수 있는 영양가 있는 음식으로 평가되어 인기가 있다. 그러나 제주 바닷가에 있는 게 중에 멸종위기종이 서식한다고 하니 게를 잡을 땐 확인하고 섭취할 필요가 있다. 모르고 했다 하더라도 걸리면 벌금을 낼 수 있다고 한다.

제주도에서 생산되는 해산물은 품질이 우수하여 예부터 진상품으로 높이 평가되었다. 특히 소라와 해조류는 고려시대 진상을 했다는 기록이 있다. 『고려사』 문종 7년(1053) 2월 정축일 기록에 "탐라국 왕자 수운나가 그의 아들 배융, 교위, 고물 등을 보내어 우황, 우각牛角, 우피牛皮, 나육(소라의 살), 비자, 해조海藻, 구갑龜甲 등을 바쳤다. 왕은 왕자에게 중호장군을 제수하고 공복, 은대, 채단, 약물을 내려 주었다"고 했다. 탐라국은 고려 숙종 10년(1105)에 탐라군耽羅郡으로 고려에 편입되었는데 그보다 50여 년 전 고려에 제주 해산물을 바쳤다는 기록에서 당시에도 제주에서는 해조류와 패류가 채취되고 있었음을 알 수 있다.[3]

3 제주도, 『제주도지(하권)』, 1982, 149~150쪽.

11) 소라와 전복, 그리고 보말

제주에서는 소라를 '구젱기', 전복을 '빗'이라고 한다. 소라와 전복은 원담 안이나 조간대의 일정한 공간에 종패를 뿌리거나 자연산이 있는 곳을 어촌계원이 관리하고 수확하여 소득을 분배한다. 비 계원은 조간대에서 소라나 전복 채취를 엄격하게 금하고 있다. 그러나 보말은 소라나 전복 씨앗 종자가 성장하는 시기가 아니면 누구나 채취할 수 있다. 가끔 썰물이 시작하는 시기에 바닷가에서 줌녀들이 지키고 있는 것은 허락된 보말 외에 다른 것의 채취를 감시하기 위해서다.

소라는 굽거나 삶아서 먹는다. 회로 먹을 때는 내장을 제거하고 육질 부분만 사용한다. 내장도 먹을 수 있으나 많이 먹으면 설사를 하기도 한다. 한때는 소라를 불에 구울 때 나오는 즙을 술에 타서 먹는 것이 유행하기도 했다. 육질과 내장 연결 부위를 감싸고 있는 막은 쓴맛이 많아 요리 시 제거하는 것이 좋다.

삶은 소라의 육질을 양념하여 대나무 적꽂이에 꽂아 제사상에 올리기도 한다. 전복도 같은 방법으로 이용한다. 소라 회무침은 내장과 분리한 소라 살을 먹기 좋은 크기로 자른 뒤 오이와 당근, 양파 등의 채소와 양념을 넣고 버무린다. 화학비료가 나오기 전 지력地力을 높이기 위해 소라 내장을 모아 밭의 거름으로도 사용했다.

전복은 회로 먹거나 환자의 원기회복과 피로회복을 위

해 죽을 쒀서 먹었다. 양식 전복의 육질이 자연산 전복보다 부드럽다. 전복죽은 내장을 다져 참기름에 볶다가 불린 쌀을 넣고 다시 볶은 뒤 적당한 물을 넣고 끓인다. 죽이 거의 완성되었을 때 썰어 놓은 전복 살을 넣고 한 번 끓으면 불을 끈다. 쌀이 익은 뒤 넣어야 전복 살이 부드럽다.

전복 껍데기는 다양하게 사용한다. 전통 나전칠기의 재료로 사용하고 줌녀들이 물질할 때 사용하는 빗창은 큰 전복 껍데기이다. 바다에 들어갔다가 물 위로 올라오며 전복을 봤지만 숨의 한계로 멈출 수가 없을 때 전복이 있는 자리에 빗창을 던져 놓고 물 위로 올라온다. 물 위에서 숨을 쉬고 내려갔을 때 빗창에 반사된 빛으로 전복을 쉽게 찾을 수 있다고 한다.

전복을 넣어 끓인 전복라면을 판매하는 음식점이 제주의 맛집으로 소개되면서 문어나 낙지 등 해산물을 넣은 라면이 유행을 타고 있다. 옛날 제주 뚝배기에는 오분자기를 주재료로 하였으나 최근에는 작은 전복을 사용하는 곳이 증가하였다. 오분자기는 양식이 어렵고 과다한 포획으로 자원은 고갈되어 작은 전복으로 대체된 것이라 한다. 오분자기의 육질은 전복보다 도톰하다. 전복 내장으로 만든 게우젓은 바다의 해초를 품은 독특한 냄새와 맛이 있어 밥도둑이라 할 정도로 인기가 있다.

제주에는 '보말도 궤기[고기]다'라는 속담이 있다. 이는 보말을 섭취하여 몸에 필요한 동물성 단백질을 보충할 수 있기 때문이다. 조간대에 물이 들어오면 바위에 숨어 있던 보말들이 이동하며 먹이를 섭취한다. 들물[밀물] 때 마대를 원담 밑에 대고 돌담을 쑥 훑으면 보말이 마대 안으로 떨어질 정도로 많았었다. 보말은 날물이 되면[썰물] 돌 틈으로 들어가 버리기 때문에 들물에 잡으라고 했다. 메옹이, 코토대기, 먹보말, 문다두리, 수두리 등 모든 것을 애월읍 어촌 마을에서는 보말이라고 한다.

제주시 애월읍의 문갑영(남, 1961년생)은 "원담에서 보말을 잡아 바닷물과 함께 깡통에 넣고 돌 틈에 올린 뒤 불을 지펴 즉석에서 삶아 먹었었다. 큰 돌 중 아궁이 닮은 돌들이 있어 불을 피우기 좋은 곳에 깡통을 올렸다. 지들커[땔감]는 쭉젱이나 버려진 고무신, 플라스틱 등을 태워서 불을 피웠다. 지금 같으면 불법이라 불을 피울 수도 없고 지저분해서 먹을 수 없을 텐데. 옛날에는 바닷물 오염도 적어 맛있었고 재미도 있었다." 최근에는 원담 안으로 고기는 잘 들어오지 않지만 문어나 낙지를 잡으러 나간다고 한다.

삶은 보말의 알맹이를 바늘이나 이쑤시개를 껍데기 속의 육질에 꽂은 뒤 살살 돌려 빼서 먹었다. 먹고 남은 것은 내장을 제거하고 육질 부분만 양념을 해서 반찬으로 만들었다. 많이 먹으면 설사를 할 수 있으니 적당하게 섭취해야 한다. 보말죽과 보말칼국수 전문점을 찾아 제주 맛집 기행을 하는 관광객도 증가하고 있다.

12) 바다의 채소

바다에서 나는 조류를 통틀어서 해조류海藻類라 한다. 알칼리 식품인 해조류는 바다의 채소라 하고 단백질과 비타민, 무기질 등이 함유되어 있다. 미역이나 우뭇가사리 등이 파도에 의해 원담 주변으로 올라온 것은 일반인도 가져갈 수 있지만 어촌 계원이 아닌 사람이 바다에 들어가서 채취하는 것은 금지했다. 좀녀들은 해조류를 채취할 수 있는 시기가 되면 공동으로 바다에 들어가 작업을 하였다. 바다에서 작업[물질]을 하거나 밭에서 일하는 사람은 남성보다 여성을 자주 보게 된다. 그러한 풍경에 '제주에서는 여자들은 일하고 남자들은 논다'는 인식이 넓게 퍼졌었다. 제주 남자와 결혼한 나 또한 남편도 일하는 것을 싫어하냐는 말을 자주 들었다. 그러나 일하는 남자들은 억울하다고 한다. 어촌에서는 여자[좀녀]가 물속에 들어가 해산물을 수확하면 남자들은 '마중 간다'고 하여 경운기나 오토바이로 좀녀가 건져낸 것을 뭍으로 나른다. 길 위에 수확물을 널어서 말리는 작업은 대부분 남성이 했다고 한다.

제주에서 미역은 특별하다. 양식 미역이 생산되기 전에는 제주 돌미역의 품질이 우수하여 가격이 높아 가계 경제에 도움이 되었다. 미역이 어민들의 주 생산품일 때는 미역을 채취하기 위해 온 마을 주민이 함께 바다로 나가는 공동체의 큰 행사였다.

생일날 사람들은 "미역국 먹었니" 하고 물어본다. 미역국은 생일을 대표하는 음식뿐만 아니라 출산을 한 산모 음식이기도 하다. 제주에서는 산모가 아기를 낳고 몸조리를 할 때 메밀 조배기[수제비]를 넣은 미역국을 먹는다. 철분과 칼슘의 함유량이 많아 신진대사를 촉진시키는 미역과 피를 맑게 해주는 메밀을 넣으므로 산모와 아이들의 성장에도 좋은 음식이다.

필자가 아이를 낳고 병원에 있을 때마다 시어머니가 미역국을 해오셨다. 미역국에 메밀을 반죽해서 수저로 떠서 넣은 듯이 뭉쳐 있는 조배기는 밀가루 반죽을 얇게 펴서 만들었던 수제비와 너무 달랐다. 몸에는 좋은 영양소이지만 즐겁게 먹을 수 있는 맛은 아니었다. 하루 3끼, 며칠을 먹는 데는 힘들었으나 시어머니의 정성에 거절도 못 하고 먹었었다.

바다에서 바로 건져 올린 미역을 생으로 먹을 때는 약간 비릿한 바다 냄새가 난다. 짙은 갈색을 띤 생미역은 뜨거운 물에 닿으면 녹색으로 변한다. 살짝 데친 미역에 참기름과 소금이나 간장, 깨를 넣고 무침을 하거나 된장이나 초고추장을 찍어 먹었다. 파에는 미역에 다량으로 함유된 요오드의 흡수를 방해하는 성분이 있기 때문에 미역요리에는 넣지 않는 것이 좋다. 미역귀는 미역의 머리 부분으로 식이섬유가 풍부해서 변비 예방에 좋다. 약간 떫은맛과 오독오독한 식감이 있다. 구운 미역귀는 씹을 때 끈적끈적한 것이 이齒를 감싸는 것 같았고 바짝 구우면 먹기 힘들다.

바다에서 바로 건진 우뭇가사리는 보라색을 띤다. 이것을 햇볕에 말리면 하얗게 변한다. 우뭇가사리 말린 것을 끓여서 굳힌 것이 '우무묵'이다. 제주에서는 '우미'라 하고 식이섬유가 풍부하여 건강식으로 이용된다. 적당한 크기로 썬 우무묵에 곱게 다진 세우리[부추], 미숫가루나 콩가루를 넣고 간장과 소금으로 간을 맞춘다. 그대로 먹어도 좋고 얼음과 약간의 물을 넣어 우미냉국을 만들어 먹기도 한다.

톳은 제주에서 '톨'이라고도 한다. 여름철엔 해안가 길 위에 채취한 톳을 말리기 위해 널어놓는다. 말린 톳은 많은 양이 일본으로 수출되었다. 어촌계에서는 톳을 키우기 위해 원담의 돌을 허물기도 했다.

최근에는 말린 톳을 소량으로 포장하여 건강식으로 판매를 하고 있다. 톳밥은 말린 톳을 물에 불려 적당한 크기로 자른 뒤[포장 판매용은 잘려 있다] 쌀 위에 얹어 밥을 짓고 가볍게 섞은 뒤 양념장을 넣고 비벼 먹는다. 생 톳은 장아찌를 만들거나 무침 요리에 사용한다. 여름철에 오이와 채 친 양파를 넣고 된장으로 간을 맞춰 만든 톳냉국은 계절 음식의 별미다. 톳과 으깬 두부를 섞어 만든 요리는 두부가 톳에 부족한 단백질을 섭취하는 데 도움을 준다.

모자반을 제주에서는 '몸'이라고 한다. 제주에서는 잔치 때 손님에게 몸국을 대접했다. 몸국은 돼지 뼈와 적당한 살을 넣고 오래 끓인 육수에 몸을 넣어 끓인 것이다. 맛이 충분히 우러났을 때 메밀가루를 넣어 약간 걸쭉하게 한다. 몸무침은 살짝 데쳐 적당한 크기로 자른 몸에 참기름과 소금, 깨, 설탕을 넣어 버무리거나 채 썬 배를 넣으면 맛이 배倍가 된다. 익은 김치를 먹기 좋게 자른 뒤 양념을 하고 몸을 넣고 무치기도 한다.

몸이 많이 채취되고 화학비료가 생산되기 전에는 밭농사할 때 거름으로 사용했다. 몸 외에 제주에서는 땅의 지력을 높이기 위한 거름으로 바다풀과 돗거름, 걸룸콩, 불치[재灾거름], 오줌 등을 사용했다.

4

원담과 제주공동체

대동大同하는 제주

대동은 함께하는 것, 사람들 모두가 하나 되는 조화로운 단합을 말한다. 개인은 공동체에 자신의 주장을 강요하지 않고 공공을 위해 합의된 결정을 인정하고 협조한다. 공동체에서는 개인의 의견을 존중하고 협동하며 마을을 운영한다. 제주에서 자주 거론되는 협치가 대동의 원리이다.

공동체에서 하고자 하는 공공의 일은 모든 사람들이 받아들일 수 있는 일이어야 한다. 그러나 공공을 위해 필요한 것이라 하더라도 때로는 개인의 상황에 따라 받아들이지 못할 수도 있으므로 충분한 협의를 해야 한다. 협의 없이 내려진 결정은 공동체 구성원들의 다툼과 분열을 초래할 수 있다.

제줏말 중 '놈의 대동'이란, 공동체에서 주민들 사이에 분쟁의 쟁점이 되고 있는 일이 있을 때 개인적인 불만이 있다 하더라도 불만을 자제하고 공동체를 위하여 동참하자는 것이다. 이때 놈他者이란 혈족을 넘어선 이웃 즉, 공동체 구성원 모두를 말한다. 제주의 전통 공동체에서는 주민들의 자유로운 참여와 참여자들의 평등이 전제되었다. 중산간 지역의 공동 목장, 누구나 참여할 수 있는 원담에서의 고기잡이, 연자매를 이용한 공동 방아 등 주민들이 함께하는 노동은 생산 공동체로 대동 이념에 의해 보완되고 강화되었다.[1]

일상에서의 놈의 대동은 혼자 돋보이려 하지 말고 다른 사람과 비슷하게 하라는 의미다. 필자는 제주에서 생활하면서 이웃이나 친족의 경조사가 있을 때 부조금과 부조 방법이 궁금했었다. 집안일에 놉[일용직 노동자]을 빌리고 얼마를 주어야 하는지, 마을에 행사가 있을 때 참여 방법을 물어보면, 어른들은 "놈이 ᄒᆞᆫ만큼 허라[다른 사람이 하는 것만큼 하라]" 하거나 "이녁[본인]이 할 수 있을 만큼 허라"라고 말해 주었다. 그것은 타인과 다르게 함으로써 자신을 돋보이려 하거나 너무 부족하게 하지 말라는 것이었다. 어떻게 할지 모르면 남들이 했던 것을 참고하고 자신의 상황에 맞게 행동하여 이웃과 대등하게 관계 맺을 것을 강조한 것이다.

마을공동체나 조직의 구성원들이 대동을 하기 위해서는 리더십이 있는 사람이 필요하다. 특히 한 배에 20~30명이 타고 바다에서 어로작업을 할 때는 리더를 중심으로 뱃사람의 대동이 중요하다. 리더의 자격은 나이나 경력, 직급, 가문 등에 의해

1 송성대, 『문화의 원류와 그 이해』, 각, 2001, 237~238쪽.

결정되는 것이 아니라 바다를 아는 능력을 갖춘 자者에게 역할이 부여된다. 바다에서 작업은 바람이나 물의 흐름, 바닷속의 암초 등으로 항상 위험이 존재하고 생명을 잃을 수도 있다. 그러므로 생명을 지키며 소득을 높이기 위해 바다의 변화를 알아차리고 빠르게 판단할 수 있는 능력 있는 지도자를 중심으로 대동한다.

제주는 개인을 독립된 개체로 인정하는 대동주의의 성향이 강하다고 할 수 있다. 개인의 특성을 존중해주며 공동체 일은 서로가 나서서 함께했다. 공동어장에서 좀녀들은 개인의 능력만큼 해산물을 수확하여 이익을 가져간다. 그러나 공동체를 위한 경비를 마련할 때는 개인의 이익과 역할을 주장하지 않고 함께 작업을 했다.

제주의 생활공동체

사람은 사회의 구조적 틀 안에서 유기적인 관계를 맺으며 존재한다. 나를 중심으로 개인과 개인이 만나 가족을 이루고 혈연으로 이루어진 가족 집단들이 모여 친족 사회의 집성촌을 이룬다.

최초의 마을공동체는 혈연 중심으로 형성되거나 인접해 있는 다른 지역의 사람들이 한곳으로 모여 만들어지기도 했다. 한 예로, 서귀포시 상모리는 들메기에서 처음으로 취락이 형성되었다. 이곳은 이웃 마을에서 넘어온 여러 씨족들이 모여서 생겨난 마을이다. 청주 정씨는 중문리 쪽에서 오고, 김해 김씨는 제주시 방면에서, 양천 허씨는 정의현 서호리에서 왔다. 서귀포시 하모리는 일과리에서 넘어온 사람들이 논물거리에 취락을 형성하였다. 논물거리 동쪽에서 고부 이씨가 처음 살았으며 그 뒤에 남평 문씨가 들어왔다. 논물거리 앞에 산이물[용천수]이 있어 생활용수가 풍부하고 해안가라 해산물을 얻기가 용이했을 것이다.[1] 그들은 한 혈족은 아니지만 개인이 하기 힘든 일은 서로 도와주고 공동의 이익을 위해서는 함께 참여하며 생활했다.

제주 해안 마을 사람들은 조간대 주변에서 고기를 잡을 때는 개별로 하거나 협동작업을 병행하지만 배를 타고 바다로 나갈 때는 일정 인원이 팀을 만들어 작업을 했다. 잠녀들은 물질을 할 때 2명이 함께한다. 바다에서 사고가 나면 직접 도와주거나 다른 사람에게 연락을 취하기 위함이다.

양식 미역이 나오기 전까지 제주 어촌 마을의 중요한 소득원은 미역이었다. 제주에서 생산된 미역은 비싼 가격에 전국으로 판매되었다. 미역이 자라는 계절에는 채취를 금지했다가 일정한 크기로 성장했을 때 채취할 수 있었다. 채취 허가가 나면 한 집에 1명이 의무적으로 참여하여 공동작업을 했다. 아이들도 놀이를 겸한 용돈을 얻기 위해 참여했다.

양식 기술의 발달로 미역이 대량 생산되며 제주 미역 가격은 하락하였다. 그 결과 미역 채취 시기가 되면 마을 사람들이 함께 바다로 나갔던 공동체의 진풍경을 볼 수 없게 되었고 소득이 줄어 생활 경제에도 영향을 미쳤다.

바다는 종자를 뿌리지 않아도 자연이 해산물을 제공해주는 어민들의 생산터전이고 수확의 기쁨을 이웃과 함께 나눌 수

1 제주고고학연구소, 『서귀포 상모리 유적』, 2015, 30~33쪽.

위·물질하러 바다로 가는 좀녀들
아래·밭일을 하고 난 뒤 함께하는 식사
ⓒ 홍정표

있는 공공의 장소다. 바다에서 지속적으로 해산물을 얻기 위해서는 해안가의 갯녹음[백화현상]을 제거하고 해안 정화 활동을 해야 했다. 갯녹음은 해조류의 서식을 방해하고 바다 생태계의 순환에도 악영향을 주기 때문에 공동체가 나서서 해결했다.

섬은 태풍으로 인한 거친 파도와 강한 바람으로 사람들이 갇히는 고립된 공간이지만 동시에 어느 곳으로도 갈 수 있는 트인 공간이다. 바다에서 발생하는 예측할 수 없는 재난과 흉년으로 끼니가 걱정되어도 섬은 외부의 도움을 받기가 어려웠다. 외세의 침략이 있을 때 섬은 고립되어 그 안에 사는 사람들은 생존을 위해 함께 살아가는 방법을 찾아야 했다. 섬이라는 지리적·공간적 한계성으로 섬사람들을 결속하게 하는 강한 공동체가 필요했다.

전통 공동체에서 사람들은 혼자 생활하기보다는 이웃과 서로 영향을 주고받으며 생활을 했다. 공동체에서 생활하는 사람들 중 달성하고자 하는 목적이 같은 사람들이 모여 단체를 만든 것이 공동체 조직이다. 제주에서는 공동체 조직인 계에 가입하여 계원들이 서로 협동하며 상부상조하고 수눌음으로 부족한 일손을 해결했다.

밭농사를 하며 바다 작업도 하는 마을에서는 계절과 시간에 맞춰야 하는 일이 있다. 예를 들어, 바다에서 작업은 고기들이 물을 따라 이동하는 특성이 있어 원담 안으로 들어온 멜을 잡을 때는 속도전이 필요하다. 멜의 이동 경로를 파악하고 원담 안으로 고기가 들어왔을 때 마을에 알려주는 사람이 있었다. 원담 안에서 고기를 모는 사람, 그물을 잡고 있는 사람, 그물 안의 고기를 뜨는 사람 등 여러 사람이 협동해서 작업을 했다.

농촌에서는 화산토의 거친 밭을 갈며 땅의 지력을 높이기 위해 거름을 주고 씨를 뿌렸다. 농사를 짓기 위한 천연 거름을 장만하고 말과 소를 관리하는 것 등 일정한 기간에 집중된 일손을 필요로 했다. 또한 자녀의 결혼과 부모의 사망 등 중요한 경조사가 발생했을 때는 짧은 기간에 많은 사람들의 도움과 목돈이 필요했다.

경조사가 생기면 대가족 제도에서는 가족과 친족의 도움만으로 일을 할 수 있었으나 가족구조가 핵가족으로 변화되어 가며 친족만으로 해결할 수 없는 일들이 생겼다. 이러한 문제를 해결하기 위하여 사람들은 지역공동체 내에서 협동할 수 있는 조직을 만들어 도움을 주고받았다.

1) 수눌음

제주의 전통 공동체 정신인 수눌음은 농·어촌에서 생산 활동 시 필요한 노동력을 해결하기 위해 개인과 개인이 맺는 노동 교환 방식이다. 수눌음은 제주만의 독특한 협업 노동이며 합리적으로 노동력을 교환했다.

논농사를 주로 하는 한반도의 농촌 마을에는 모내기나 김매기, 논에 물 대기, 벼 베기 등 농사일을 공동으로 하는 두레가 있다. 두레는 한 가구당 한 명씩 의무적으로 참여하는 마을 단위의 노동 공동체이다.

품앗이는 도움을 주는 사람과 도움을 받는 사람이 같은 방법으로 주고받는 노동 교환이다. 두레는 주로 농번기에 마을 단위로 이루어졌으나 품앗이는 시기와 관계없이 도움이 필요할 때 개인 간에 이루어졌다.

수눌음은 정해진 시기가 없이 개인과 개인이 도움을 주고받는 것은 품앗이와 같다. 그러나 품앗이가 같은 노동, 같은 가치에 의한 등가교환等價交換 방식이라면 제주 수눌음은 등가교환 방식과 비등가교환[가치가 다른 것을 서로 합의하에 가치를 조정하는 것] 방식이 함께 존재하는 노동 교환이다.

수눌음은 사용 가능한 노동 교환력을 바로 사용하지 못할 때는 비축하여 필요시에 도움을 받을 수 있다. 예를 들어 돌밭을 개간하여 농지로 만들거나 밭담을 쌓는 일은 혼자의 힘으론 어려운 작업이었다. 밭의 위치나 개간 정도에 따라 소나 말을 이용해야 했다. 또한 짧은 기간에 밭에 씨를 뿌리거나 수확을 할 때는 일시에 많은 일손이 필요했다. 이때 이웃 사람이 말이나 소를 이용해 밭일을 해주면 도움을 받은 사람은 상대방의 김매기나 타작 등의 일을 3회 해준다. 3일 동안 계속 일을 할 수도 있고 가능한 날을 정해서 나누어 일을 해주기도 했다.

서귀포시 의귀리에서는 1954년부터 2001년까지 양봉접을 운영했다. 꿀을 생산하기 위한 노동력은 접원들이 수눌음으로 도와주고 그들은 벌을 보호하고 꿀을 따는 방법에 대한 정보를 공유했다.[2]

마을공동체에서 지속되었던 수눌음은 사회구조가 변화되며 사라지거나 변형되었다. 1차 산업 위주의 경제활동을 했던 농·어촌의 사람들 중 직업을 찾아 도시로 이주하는 수가 증가하였다. 인구 구조와 산업 활동의 변화로 전통 공동체에서 수눌음으로 이루어졌던 노동력은 기계로 대체하거나 삯[임금]노동자로 해결하고 있다.

2) 좀녀들의 공동체

좀녀들은 제1 공동어장에서 톳, 우뭇가사리, 전복, 소라, 해삼 등을 채취한다. 좀녀들은 가정일과 밭농사를 하다 물때가 되면 바다로 나가 물질을 하며 가정 경제를 이끌었다. 바다와 땅에서 좀녀의 육체노동은 계속되었다. 억척스럽게 일하는 좀녀들의 모습은 강인한 제주 여인상으로 표상되기도 한다. 그러나

2 의귀리지편찬위원회, 『말과 귤의 고장 의귀』, 2016.

'물에 들민 숨비질 소리[3], 집이 들민 ᄀ렛[맷돌] 소리'라는 속담이 있듯이 척박한 땅에서 가정을 지키기 위해 쉼 없이 일을 해야만 했던 제주 여인의 힘든 삶의 표상은 아닌지. 줌녀들이 바다에서 공동작업을 할 때는 개인의 능력에 맞게 역할이 주어졌다. 상군은 깊은 바다에서 작업을 하고 애기줌수나 노인들은 얕은 바다에서 작업을 했다.

제주시 구좌읍 하도리에서는 음력 2월 듬북[조간대 주변에서 자라는 바다풀]을 채취할 때 한 집에서 1~2명이 의무적으로 동원되었다. 그들은 듬북과 조간대에서 자라는 바다풀인 나베기와 지충이도 캤다. 줌녀들은 잠수하여 나베기를 따냈고 노인들은 갯가에서 지충이를 베어 냈다. 남성들은 줌녀들이 채취한 것을 뭍으로 날랐다. 나베기와 지충이는 말려서 저장했다가 보리 파종할 때 밑거름으로 사용했다.[4]

애월읍의 강순일(여, 1936년생) 줌녀는 "물질을 할 때 만약의 사고에 대비하여 두 명이 한 조로 작업을 한다. 한 명이 테왁을 띄어놓고 바닷속으로 들어가면 다른 한 명이 물 위에서 테왁이 조류에 흘러가지 않도록 지킨다. 물에 들어간 줌녀는 테왁을 보고 자신이 들어갔던 장소를 알고 물 위로 올라온다. 물속에

3 줌녀들은 숨을 참고 바닷속에 들어가 해산물을 건져온다. 숨을 참고 한 번 바다에 들어갔다 나오는 시간은 길지 않다. 물 위로 올라와 참았던 숨을 가쁘게 내쉴 때 "호오이~"하고 내는 소리를 숨비소리라 한다.

4 국립민속박물관, 『하도리 민속지』, 2007, 110~112쪽.

선 욕심 부리면 안 된다. 공동어장에서 함께 톳을 채취하여 얻은 수익은 참여한 사람이 나누었으나 마을을 위한 공동작업은 개인의 수익이 없어도 공동체를 위하여 좀녀들이 모두 참여했다"고 한다.

서귀포시 성산읍 온평리에서는 신산리와 신양리 양쪽 경계 바다를 '학교바당'으로 삼아 공동으로 미역을 채취했다. 온평교는 1946년 설립 인가를 받았으나 학교 운영이 어려웠고, 1950년에는 화재로 전 교실이 불에 타서 학생들이 수업을 받을 수 없게 되었다. 이때 좀녀들이 학교바당에서 채취한 미역을 판매하고 얻은 수익금 전액을 학교 건립자금으로 기부했다.[5] 김녕초등학교는 일제강점기 때 마을 주민들이 채취한 미역을 팔아 호당 분담금을 내서 세운 학교이다.[6]

미역 채취가 허락된 시기에는 아이들도 부모를 따라 바다로 가서 보말과 깅이를 잡고 미역도 건졌다. 미역 허채 기간 동안 어촌에 있는 학교에서는 임시 방학을 하거나 아이들의 조퇴를 허락하기도 했다.

서귀포시 안덕면 화순리의 좀수계는 1960년대 결성되어 2000년까지 운영되었다. 계원들은 공동어장 보호를 위해 순번제로 바다 지킴이 활동과 감시선을 운영했다. 그들은 패류나

5 해녀박물관 자료.

6 안미정, 「제주잠수의 어로와 의례에 관한 문화인류학적 연구」, 2007, 56쪽.

해조류 채취를 금지하는 기간을 정하여 수산자원을 보호하고 그것들이 충분히 자랐을 때 채취를 허가했다.[7]

줌녀들이 물질로 얻는 소득이 그리 많지 않았으나 1970년대 제주의 전복과 소라, 톳 등이 일본으로 수출되면서 패류나 해조류의 가격이 상승하여 줌녀들의 현금소득이 높아졌다. 수출이 되기 전 소라의 채취는 식구들의 간식이나 이웃과 나누어 먹을 정도로만 했었다. 줌녀들은 물질을 하여 개인의 소득을 높이고 때로는 마을의 공공자금을 마련하기 위해 함께 참여하며 지역사회의 발전에 도움을 주었다.

3) 계(契, 접接)

계는 공동체에서 계원들의 상호부조와 친목을 도모하고자 만든 협동 조직체이다. 계와 유사한 모임이 삼한시대에도 있었으나 목적을 가지고 계가 만들어진 것은 1165년(고려 의종 19) 유자량이 만든 문무계文武契이다. 문무계는 문신의 자제들과 무신의 자제들이 모여 학문과 무예를 수련하고 연대를 강화하기 위하여 만들었다. 이 계는 일종의 교류계로 계원의 자격은 신분이

7 한국문화원연합회제주특별자치도지회, 『제주도 접接 계契 문화조사 보고서』, 2010, 376쪽.

나 계급에 따라 결정되지만 계의 목적에 맞는 사람이라면 특별한 제재 없이 참여할 수 있었다.[8]

조선시대에는 생활의 모든 영역에서 계가 만들어졌다고 해도 과언이 아니다. 경제생활에서뿐만 아니라 체계화되지는 않았지만 정치·사회 분야에서도 계를 만들어 생활의 이상을 구체화시키려 했다. 문맹자들도 계의 특질을 이해할 수 있을 만큼 계에 대한 지식은 상식화되고 보편화되었다. 사람들은 계를 자주적으로 만들었고 종류도 다양했으며 계를 통해 긴밀한 관계를 맺고 있었다. 조선 중기에는 친목과 공제를 목적으로 한 종계宗契, 혼상계婚喪契, 호포계戶布契, 농구계農具契 등이 있었다. 계의 목적은 비슷하지만 마을마다 이름을 다르게 부르기도 했다.

검질접은 밭의 검질[잡초]를 뽑기 위한 모임이다. 검질은 농작물의 생장을 방해함으로 바로 제거해야 한다. 잡초제거제가 없던 옛날엔 손으로 제거하기에 많은 노동력이 필요했다. 제주시 구좌읍 평대리는 1960년 무렵부터 1977년까지, 서귀포시 성산읍 오조리는 1910년경에 시작하여 1998년까지 검질접을 운영했다. 오조리에서는 해마다 농사철이 되면 새로운 접원을 모집했다.[9] 검질접은 농약이 나오면서 서서히 없어졌다.

8 김필동, 「고려시대 契의 단체 개념」, 서울대학교사회학연구회, 1988, 409~417쪽.

9 한국문화원연합회제주특별자치도지회, 『제주도 접接 계契 문화조사 보고서』, 2010, 155~157쪽.

ᄆᆞ쉬접[마소접]은 말과 소를 공동으로 관리하기 위한 것이다. 접원의 마·소를 모아 당번인 테우리가 목장으로 몰고 나가 마·소들에게 풀을 먹이고 해가 기울면 각자의 집에 데려다줬다. '둔쇠'라고도 한다. 접원들은 마·소를 이용해서 이웃의 밭 밟는 일을 거들어 주기도 했다. 그 외에 땔감을 마련하고, 옹기가마를 공동으로 사용하며 옹기를 굽거나, 냉장고·TV 등 가전제품을 구입하기 위하여 계에 가입했다. 동갑 친구들이 모인 갑장계, 결혼 적령기의 여성이 가입한 쌀계나 반지계 등 일상생활의 여러 곳에서 계가 조직되어 호혜적인 마을공동체가 더욱 강하게 결속되었다.

계는 주로 뜻이 맞는 여러 명의 개인이 모여서 만들지만 마을 전체 주민이 계원이 되기도 했다. 개인계는 가입 여부에 강제성이 없이 개인이 결정하지만 마을계는 마을공동체 구성원은 의무적으로 가입해야 했다. 계원의 범위와 혜택을 제공하는 방법은 계를 시작하면서 자체 규약으로 정했다.

4) 관혼상제 준비를 위한 계

사람은 출생에서 사망 때까지 다양한 의례들을 행하게 된다. 백일, 돌, 성년식을 맞이하고 결혼 적령기의 남자와 여자가 만나 혼례를 올린다. 혼례는 개인과 개인의 결합보다는 집안과 집

안의 만남이다. 천수를 누리고 사망하면 산墓[무덤을 제주에서는 산이라고 한다]과 산담[산을 보호하기 위해서 쌓은 돌담]을 만들고 죽은 이를 기리는 제사를 지낸다. 마을에서는 공동체의 안녕을 기원하는 제를 올린다.

많은 지역에서 결혼식과 식사 대접이 같은 날 이루어지지만 제주에서는 분리되기도 한다. 타 지역 사람과 결혼을 할 경우 결혼식을 육지에서 하면 가문잔치를 제주에서 하거나 그 반대의 경우다. 가문잔치는 식을 올리는 것이 아니라 이웃에게 식사를 대접하는 것이다. 30년 전 나도 결혼식은 서울에서 하고 제주에서 가문잔치를 했다. 잔칫날은 시부모님 계원과 이웃분들이 역할을 맡아 해주셨고 마을 그릇계의 그릇을 사용했었다.

옛날 제주에서 혼례 잔치는 사흘 동안 이루어졌다. 결혼식 전날의 가문잔치와 결혼식 당일 잔치, 결혼식 다음 날 사돈잔치를 했다. 결혼할 자녀가 있는 가정에서는 잔치 때 사용할 돼지를 집에서 길렀다. 기른 돼지를 결혼식 전에 잡는데 이날을 '돼지 잡는 날'이라 한다. 결혼식은 이날부터 마을이 들썩이며 동네잔치가 됐다.

잔칫날은 삶은 돼지고기와 수에[순대], ᄆᆞ른둠비[마른두부], 전 등을 만들어 집에서 손님을 대접했다. 잔칫집에서는 고기를 담당하는 도감刀監[10], 밥과 국을 뜨는 사람, 전을 지지는 사람, 답례품을 전달하고 커피를 타는 사람, 손님을 안내하고 음식을 나르는 사람 등 많은 사람의 도움이 필요했고 이웃이 그 역할들을 해주었다. 혼례에 필요한 관복과 신부가 타는 가마는 관복접과 가마접에 가입하여 마련했고 그릇은 마을에서 공동으로 구입하여 사용했다. 1960년대 초에 차량이 들어오면서 가마접은 없어졌다.

논농사를 짓기 힘든 제주에서는 쌀이 귀했다. 제주민들은 경조사 때 사용할 쌀을 마련하기 위해 결혼 당사자나 부모가 쌀계에 가입했다. 계원들은 쌀을 두 되씩 모아 경조사가 있는 집에 전달하고 용천수[물통]에서 물을 길어 잔칫집의 물 항아리를 채워주었다. 집마다 수도가 없던 시절엔 집 밖에 있는 물통에서 물을 길어다 주는 물 부조도 했다. 좀녀들은 계원의 집에 잔치가 있으면 물질도 나가지 않고 함께 도왔다.

제주의 어촌 마을에서는 물질을 할 줄 아는 신부의 인기가 높았다. 밭농사를 하면서 물질을 하는 좀녀들은 가정 경제에 커다란 도움을 주고 바깥 물질[다른 지역으로 나가서 작업하는 것]을 다녀온 좀녀들이 밭을 사는 예가 흔했기 때문이다.

10 도감은 혼례기간 동안 쓸 돼지고기를 손님에게 대접을 할 때 잘 배분해서 부족하지 않게 하는 역할을 한다. 동네에서 경력이 많은 사람이 맡으며 주인도 도감의 허락을 받고 고기를 사용했다. 집에 오는 손님의 수를 파악하여 고기가 많을 때는 두껍게 썰고 적을 때는 얇게 썰어 내놓기도 했다.

사람이 사망을 하면 가족들은 고인의 장례 날짜를 받아 온다. 짧게는 3일장에서 길게는 9일장이 되기도 한다. 장례를 치르기 위해서는 많은 일손과 음식, 물품이 필요했다. 제주시 구좌읍 평대리의 상장접과 서귀포 의귀리의 답폐접은 장례 시 상여를 대여하고 접군들을 동원하여 상여를 운반했다. 또한 묫자리를 다지고 봉분을 쌓는 일은 접원이 중심으로 하고 주민들도 나서서 도왔다.

고인의 관을 만들 때는 상가喪家의 사돈집에서 부조로 팥죽을 해왔다. 팥죽을 하는 유래는 '옛날 동네에 장사葬事가 나기만 하면 상갓집의 음식을 모조리 먹어 치우는 사람이 있었다. 동네에서는 이 사람 때문에 큰 골치를 앓았다. 어느 날 상喪이 난 집에서 팥죽을 쑤었는데 그 사람은 그것은 먹지 않고 가버렸다. 그는 사람이 아니라 악신惡神인 '멍청이귓것'이었다. 그 뒤로 멍청이귓것의 침입을 막기 위해 관을 만들 때는 사돈이 팥죽을 해왔다'고 한다.

상여를 메는 상여꾼과 장지에서 작업할 사람을 상두꾼이라 한다. 상두꾼은 마을에서 30가구가 하나의 골이 되어 같은 골의 구성원 집에 사망자가 생기면 한 가구에서 한 사람의 장정이 산역山役에 참여했다.[11]

11 제주도, 『제주도지(3권)』, 1993, 864~868쪽.

오름의 산담

장례 때 친족들이 부조하는 것을 '고적'이라 한다. 고적은 의무적으로 해야 한다. 고적을 해오는 양은 망자와의 촌수에 따라 다르다. 제주시 월평동에서는 메밀가루를 반죽하여 반달 모양으로 만든 물떡을 가까운 촌수에게는 두 말에 해당하는 80개, 먼 친족에게는 40개를 부조했다.[12] 서귀포시 하원동은 고적으로 메밀가루를 둥글고 납작하게 만든 돌레떡을 가져갔다. 돌래떡이 점차 사라지면서 밀가루를 부풀려서 만든 빵떡으로 대신했다.[13] 제주시 한림읍 동명리는 장례 시 문중별로 소두 한 말[8㎏]어치

12 월평동향토지발간추진위원회, 『다라쿳-월평동지』, 2001, 176쪽.

13 하원마을회, 『하원향토지』, 1999.

떡을 만들어 부조했다. 떡은 좁쌀 가루와 메밀가루를 이용해서 지름 15㎝ 이상으로 둥글게 만들었다. 결혼한 사람은 의무적으로 고적에 참여해야 하고 고적은 장사葬事 때마다 했다.[14]

제주에서는 무속적인 당굿과 유교적인 포제를 지낼 때 마을 사람 전체가 참여했다. 해안 마을에서는 어민들의 무사 안녕과 풍어를 기원하기 위해 해신제와 풍어제를 지내고 그물 계원들이 모여서 그물제를 지냈다.

마을 전체가 그물 계원인 제주시 이호동에서는 멸치 떼가 들어오기 전 3~4월에 계원들이 그물코ᄉᆞ[그물고사]를 지냈다. 그물 접장이 좋은 날을 선택하여 멸치어장인 모래밭에서 지냈다. 제물은 메[밥], 시루떡, 돌레떡, 채소, 과일 등 일반 재물 외에 선왕 상에 돼지 한 마리, 수수떡, 수수밥, 오곡밥 등을 더 올렸다.[15] 베롱개 해신당에서는 그물계의 주관으로 제를 지냈으나 그물계가 없어지면서 해신제도 사라졌다.[16]

제주시 애월읍 곽지리는 어장 형성 시기인 정월과 음력 5월에 그물접제를 지냈다. 돼지 두 마리와 메를 배에 싣고 바다에 나가 고사를 지내고 돌아와 그물막에서 접원들이 음식을 나

14 한림읍동명리, 『동명리지』, 2009, 495쪽.

15 고달익, 『제주시수협사』, 제주시수산업협동조합, 1980, 523~524쪽.

16 제주특별자치도, 『올레길 해양문화스토리텔링2』, 2013, 45쪽.

누어 먹었다. 그물접제의 신은 도채비[도깨비]이다.[17] 제사 음식을 만들 때는 소금 간을 하지 않는다.

사람이 태어나서 죽는 날까지 혼자가 아닌 가족과 친척, 이웃 등 주변 사람들과 호혜互惠적인 관계 안에서 삶이 유지된다. 마을공동체는 가까운 친족이나 이웃 상호 간에 밀접한 관계가 형성되어 관혼상제 때 부조 문화에 영향을 주었다. 제주에서는 부모가 사망하였을 때 모든 상제에게 부조를 하거나 자녀 결혼 시 부모에게 따로 부조를 하는 겹부조 문화가 있다. 힘든 시기에 서로 도울 수 있다는 긍정적인 부분도 있으나 경제적으로 부담이 되기도 했다.

농업 중심의 1차 산업에서 도시화·산업화가 진행되며 나타난 사회구조의 변화는 친족으로 이루어졌던 마을 구성원에 변화를 가져왔다. 인구 구조의 변화는 공동체의 결속력을 약화시키고 관혼상제의 의례를 간소화시키는 데 영향을 주었다. 그 결과 전통사회에서 관혼상제와 관련해 만들었던 계 조직은 목적을 잃어갔다.

17 주강현, 『돌살』, 들녘, 2006, 363쪽.

5) 원담과 계

제주 어촌에서는 돌 그물인 원담을 만들어 해산물을 수확했다. 돌을 다루어 담을 쌓거나 보수할 때는 협업 노동이 필요하고, 원담 안에서의 고기잡이는 썰물이 시작되고 물이 완전히 빠지기 전에 이루어져야 하기에 일정 시간에 많은 사람이 필요하여 원담계를 만들어 해결했다. 계원은 관리 주체에 따라 마을 공동 소유 원담은 전체 주민이 계원이고 개인이 모여 쌓은 원담은 만든 사람들이 주인이다.

어촌 마을 주민들은 원담계뿐만 아니라 배를 구입하고 수리비를 마련하기 위해 선박계에 가입했고, 공납 조달을 위한 어부계, 어망이나 어선을 공동으로 사용하여 고기를 잡기 위해 만든 어망계도 있었다. 어업계는 고기 잡는 기구와 방법을 개량하여 어업의 생산량을 높이고 조합원의 상부상조와 복지를 향상시키기 위해 만들었다. 방진망을 이용해서 멸치를 잡는 그물계와 테우계도 있었다.[18]

제주시 구좌읍 평대리 갯담[원담]접의 계원은 1년에 한 번 하는 원담 보수작업에 참여한 사람이다. 계원 중에 소임 두 사람을 선정하여 원담 안에 멸치 떼가 몰려왔는지 확인하고 멸치

18 화순리장박순영, 『화순리지』, 2001, 355~356쪽.

떼들이 몰려오면 계원들을 동원하는 역할을 하게 했다. 소임은 공동 분배 시 일반 계원보다 하나를 더 받았다.[19]

제주시 구좌읍 행원리는 바다를 4개로 나누어 각 마을에서 관리했다. 맡은 바다에 있는 원담의 소유권도 함께 가졌다. 4개 마을은 소유한 바다의 자원이 일정하지 않기 때문에 해마다 바다를 바꿔가며 관리를 했다. 계원은 봄과 가을, 멸치 떼들이 몰려들기 전 원담 보수에 의무적으로 참여해야 한다. 불참 시 낸 궐금[벌금]은 마을 기금으로 사용했다. 원담 안에 주로 들어오는 어종은 멸치, 멜갈치, 구릿, 모도리, 따치, 논쟁이, 숭어 등이다.[20]

제주시 이호동은 6개의 자연마을에 마을별로 원담접이 있었다. 접원들은 봄에 반班별로 구역을 나누어서 담을 정비했다. 반에서 책임져야 할 장소가 결정되면 각 반장은 집마다 보수할 곳을 지정해 줬다. 해당 가구가 맡은 곳의 담을 쌓지 않으면 다른 사람들이 쌓고 참여하지 못한 사람에게 궐을 부담했다. 그러나 참여하지 않으면 이웃과 만날 때 불편해서 특별한 일이 없으면 모두가 참여했다. 고기를 잡을 때는 구역을 정하지 않고 공동작업을 하고 수확물을 분배할 때는 마을의 존장 역할을 하는 사람이 주도하여 접별로 나누었다. "넌 어멍 아방이 있으니 좀

19 평대리장김성화, 『비자림 군락의 촌 - 평대리』, 1990, 302~303쪽.

20 고달익, 『제주시수협사』, 제주시수산업협동조합, 1980, 507~508쪽.

더 가져가라", "넌 혼자 사난 호꼼만[조금만] 가져가고" 하며 개인의 상황에 맞게 나누기도 했다.[21]

서귀포시 대정읍 하모 2, 3리에는 5개의 원이 있다. 원마다 10~15명이 팀으로 원 하나에 책임자를 두고 관리했다. 팀원이 아닌 사람이 원에서 고기를 잡을 때는 잡은 멸치로 삯을 받았다. 삯으로 정해진 양은 없었고 잡은 사람이 알아서 냈다. 적게 잡은 사람에게는 받지 않았다. 받은 삯은 원담 운영경비로 사용했다. 담의 보수는 원의 물이 완전히 빠져 바닥이 보일 때인 삼월 보름 물때에 청년들이 했다.[22]

서귀포시 강정동에서는 1900년경에 세별원계가 만들어졌다. 계원이 공동으로 담을 쌓거나 보수를 했고 잡은 어획물은 역할이나 노동력 제공의 기여도와 윗사람을 우대하며 나누었다. 원담 안에 멸치가 많이 들면 동네 사람들에게 나눠주기도 했다. 대포동에는 1960년대까지 큰갯물원계가 있었다. 자연적으로 만들어진 원에서는 누구나 고기를 잡을 수 있었으나 인공으로 만든 원에서는 원담 쌓기 및 보수 작업에 동참한 계원만이 할 수 있었다. 원담에서 잡히는 어류는 멸치, 모도리, 벵에돔, 따치 등 다양했다. 대정읍 동일리 원담계는 1920년부터 2000년까지 있었다. 동일리에서는 새원, 보말돌원, 알늪, 웃늪, 돌쿠먹원, 엉늪 등

21 제주시 이호동 김수성(남, 1960년생)

22 서귀포시 대정읍 하모리 김성백(남, 1937년생)

은 마을 주민 전체가 참여하여 담을 만들었다.[23]

서귀포시 안덕면 화순리 하동 사람들은 원담계를 조직하여 반원 모양으로 1m 50cm 정도 돌을 쌓은 뒤 원담 안에서 고기를 잡았다. 태풍이 불고 나면 계원을 동원하여 무너진 담을 보수했다.[24] 토평동에서는 동아리를 만들어 음력 8월에서 11월 중 조수간만의 차가 클 때 활동했다. 차가 심한 낮물[낮 시간의 썰물]에는 원담을 쌓거나 보수하고, 안물[밤 시간의 썰물]에는 고기를 잡았다. 원담의 높이는 약 1m 정도로 쌓았다. 바닥에서 30~40cm까지는 큰 돌 사이에 작은 돌멩이로 담 구멍을 촘촘히 막아 고기들이 빠져나가지 못하게 하고 바닥의 큰 돌은 그대로 두었다가 돌 밑에 숨어 있는 고기를 잡아 함께 나누었다.[25]

멸치는 무리를 지어 불을 쫓는 특성이 있다. 이러한 특성을 이용해서 동력선에 등불을 달고 연근해로 나가 멸치잡이하는 어선이 증가하였다. 그 결과 원에서의 멸치 수확은 줄고 멸치 떼를 쫓아 원에 들어왔던 고등어나 갈치 등의 어류들도 사라지며 원담계도 점점 해체되었다.

해체됐던 원담계원들은 그물계에 참여하여 근해로 멸치잡이를 나갔다. 들어 온 것을 잡던 소극적인 작업에서 고기를

23 한국문화원연합회제주특별자치도지회, 『제주도 접接 계契 문화조사 보고서』, 2010, 347~417쪽.

24 화순리장박순영, 『화순리지』, 2001, 196쪽.

25 서귀포시토평마을회, 『토평마을』, 2004, 292쪽.

찾아 나서는 적극적인 작업으로 바뀐 것이다. 그물계는 30여 명이 출자하여 공동으로 그물을 구입하고 함께 작업을 한 뒤 역할에 따라 소득을 분배했다. 최상위 직책인 으뜸, 으뜸을 보좌하는 총무, 갯가에서 그물을 당기는 개꾼, 바다로 나가 멸치 떼를 관찰하여 그물 놓을 시기를 판단하며 어로작업을 진두지휘하는 배꾼 등으로 역할을 나누어 작업을 하였다.

제주시 구좌읍 하도리 그물계의 소득 배분은 계원 30명 각자의 몫으로 한 폭씩 나누고, 당선[멸치 떼의 움직임을 관찰하는 배] 한 척의 몫으로 1.5폭, 닻배는 1폭, 그물 책임자인 공원과 인원 동원을 하고 잡일을 거드는 소임에게 각각 1폭, 그 외 사람은 한 폭으로 3명이 추가로 나누어 가졌다. 잡은 물고기를 인원에 맞게 분배하기 위해 나누어 놓은 것을 '폭'이라고 한다.[26]

제주시 구좌읍 북촌리는 4개의 그물계가 있었고, 월정리는 마을 사람 모두가 6개의 그물계 중 하나에 계원으로 참여하고 이익도 공정하게 분배했다.[27] 제주시 곤흘동은 안과 밖 곤흘후리(드렁후리) 2곳에 각 계당 40~50명 정도가 계원으로 소속되었으며 계원은 대代를 이어 세습되었다.[28]

1970년대 중반 제주에 발동선이 공급되면서 어민들은

26 국립민속박물관, 『하도리 민속지』, 2007, 121~122쪽.

27 좌승훈, 『포구』, 2000, 236~237쪽.

28 화북동운영위원회, 『화북동향토지』, 1991, 53쪽.

배를 타고 좀 더 멀리 나가 고기잡이를 했다. 연안으로 들어오던 고기들이 먼바다에서 잡혀 근해에서 성행했던 멸치잡이 그물은 제 역할을 잃어갔다. 그물계는 어획량이 감소하여 원담계와 마찬가지로 점점 사라졌다.

6) 새로운 공동체

제주의 마을공동체 결속력은 시대의 변화와 다양한 사건·사고를 거치며 약화되었다. 일제강점기 토지 조사를 하여 마을과 마을의 경계를 나누고 연안 바다를 공동어장으로 만들어 경계를 구분했다. 뚜렷한 지역의 경계를 두지 않고 서로 왕래하며 살던 사람들도 행정구역에 맞춰 경계 짓기를 했다.

누구에게나 열려있던 바다가 해각[바닷가] 마을 어촌계에서 관리하는 공동어장이 되어 계원들만이 해산물을 채취할 수 있는 닫힌 바다가 되었다. 어촌 마을에서는 좀 더 나은 지역을 차지하기 위해 이웃 마을과 분쟁이 일어나기도 했다.

1948년 제주에서 일어난 4·3사건은 사람들을 이념적으로 대립하게 하였다. 이웃 간에 서로를 불신하며 일상생활뿐만 아니라 정신적으로 사람의 관계를 피폐하게 만들었다. 6·25 전쟁이 일어나고 많은 피난민이 제주로 들어왔다. 육군 제1 훈련소와 정전협정에 의한 미군정이 대정지역으로 옮기며 군인과 관련 종사자들이 제주로 이주했다.

짧은 기간 동안 여러 지역에서 다양한 사람들이 유입되어 제주 사람들은 일상생활에 많은 영향을 받았다. 낯선 이방인들이 일시에 몰리며 마을에 형성돼 있던 공동체적 삶이 퇴색되어 갔다. 피난민을 위한 피난민이 만든 시장이 형성되어 지역 경제에 영향을 미쳤으며 그들은 그들의 공동체를 만들어 정치세력을 키우며 서서히 제주에 정착했다.

산업사회의 도래는 공동체의 존립에 또 다른 위기를 가져왔다. 사람들이 함께했던 작업이 기계로 대체되고 개별화되었다. 제주의 전통사회는 1차 산업이 주를 이룬 반농반어의 공동사회에서 산업사회의 이익사회로 전환되어 갔다. 산업사회는 상품을 생산하고 유통하여 수익을 얻는 자본주의 사회로 공동체의 이익보다는 기업이나 개인의 이익을 우선으로 한다.

전통사회에서는 원담 안에 많은 멜이 들어와도 욕심내지 않고 생활에 필요한 만큼만 수확했다. 원담은 마을에서 공으로 관리하고 수확한 해산물은 공평하게 분배했다. 고기잡이에 참여하기 어려운 이웃에게는 나눌 줄 아는 나눔의 공동체 정신이 있었다. 그러나 일본인들이 제주 멸치를 사가기 시작하면서 사람들은 판매를 위해 경쟁적으로 멸치를 잡았다. 사려는 사람은 증가하고 잡히는 양은 일정하지 않아 지속적인 판매를 위해 저장하는 방법을 찾고 어민들은 판매자로서 이익을 생각하게 된다. 결국 나눔보다는 축적을 통한 이익사회로 가는 것이다.

전통사회에서 공동체는 같은 지역에서 오랫동안 생활하고 있는 사람들이 열악한 환경에서 살아가기 위한 삶의 방법으로 계를 만들었다면 현대의 공동체는 지역 기반을 초월하여 인터넷 온·오프라인에서 계라는 명칭보다는 모임이라는 이름으로 구성원 간의 친목을 도모하고 연대를 강화한다.

제주도로 이주 후 고향 사람들이 모여 '○○향우회'라는 이름으로 모임이 결성되기도 했다. 현재 살고 있는 지역의 장소를 공유하는 생활공동체보다는 고향 사람이라는 심리적 공통점을 가진 사람들이 모여 형성된 '고향 공동체'로 강한 응집력을 보인다. 그들은 제주에서 정서적 유대감으로 친목을 유지하며 타향에서의 적응력을 키우는 데 서로 도움을 주고받는다.

이사율은 공동체의 파괴를 간접적으로 시사해 주는 지표라 할 수 있다. 제주도와 타 시도 간의 전입과 전출의 이동률은 제주도 전체인구 대비 2012년 7.8%, 2015년 9.9%, 2018년 10%로 해마다 증가하고 있다. 이는 10명 중 1명은 지속적으로 바뀐다는 것으로 마을 구성원들이 자주 바뀐다고 할 수 있다. 도내 이동을 포함하면 이동률은 더욱 높아질 것이다.

제주도는 다양한 분야에서 인구 유입 정책을 펼치고, 천혜의 자연환경을 찾아온 사람들로 인구가 해마다 증가하고 있다. 그러나 경제적인 이유와 문화적 적응의 어려움으로 많은 사람이 제주를 떠나기도 한다. 한 지역에서 빈번하게 사람이 바뀌는 것은 이웃과의 공감대 형성을 어렵게 한다. '정이 들 만하면

이별이다'라는 경험이 반복될 때 새로 온 사람을 공동체 구성원으로 받아들이기가 쉽지 않을 것이다.

사람이 떠난 농·어촌은 공동화空洞化되고 일부 마을은 도시화를 겪으며 지역을 근간으로 한 공동체가 와해되고 있는 반면에 네트워크를 통한 가족이나 친목들의 연대는 증가하고 있다. 그들은 인터넷을 매개체로 실시간의 대화를 하며 돈독함을 유지하고 있다. SNS의 모임방에 초대된 사람들이 인터넷 속에서 지속적으로 대화를 나눈다. 인터넷 공동체에서는 개인의 의사와 관계없이 초대된 채팅방의 사람들이 나누는 대화를 볼 수가 있다. 때로는 아주 늦은 시간이나 이른 시간에 사람들이 올리는 글로 불편함을 초래하기도 한다. 대화에서 벗어나고자 할 때는 구성원들의 강한 거부감을 감당해야 할 때도 있다.

인터넷 공동체가 생기기 이전엔 얼굴을 바라보고 서로의 숨결을 느끼며 대화하는 만남이 있었다면 지금은 인터넷 환경에서 전파로 소통하는 것이 익숙한 시대이다. 기존의 공동체는 땅을 기반으로 한 지역 중심으로 형성되었다면 지역을 벗어난 탈장소의 공동체로 인터넷을 통한 전 지구적 네트워크 공동체가 형성되고 있다.

연대 원담

SURF

5

원담이 있는 마을 이야기

제주의 땅에는 360여 개가 넘는 오름이라 불리는 소형 화산체가 있다. 바닷가의 조간대에는 360여 개의 전통 어로 장치인 원담이 있었다. 오름은 민간 주도 관리 책임제인 '1단체 1오름 지킴이' 운동으로 오름 주변을 청소하고 길을 보수하거나 나무를 심는 등 오름 지키기 운동이 활발하게 전개되고 있다. 그러나 원담과 빌레와 여 등 조간대 주변의 돌은 개발에 묻히며 바다생물의 서식처인 조간대 면적이 줄어들고 있다.

제주 해안을 돌면 조간대에서 남아있는 원담을 볼 수 있다. 마을 어르신 이야기를 듣기 전에는 둥그렇게 놓여 있는 것이 모두 원담같이 보여 "저기 원담 있다"하니 함께 걷던 동행이 "머릿속에 원담만 있구나" 하며 원담! 원담! 하고 놀리기까지 했다. 둥그렇게 쌓여 있다고 해서 마을공동체에서 이용했던 원담은 아니다.

360여 개 오름의 이름도 역사와 모양에 따라 지어졌듯이 원담도 모두 각각의 이름이 있다. 마을의 이름을 따서 '연대원', '작지원', 많이 들어오는 어종에 따라 '멜원', '숭어원'이라 했으며, 주변의 지형지물의 이름을 붙여 조반물통 옆에 있어서 '조반물원' 등 붙여진 이름엔 이유가 있다.

제주시 도두동

도두동은 제주시 서쪽에 있는 마을이다. 도두마을, 신사수마을, 신성마을, 다호마을 등 4개의 자연마을로 이루어졌다. 제주국제공항이 인접해 있어 비행기가 뜨고 내리는 것을 가까이서 볼 수 있다. 서쪽으로 이호해수욕장과 동쪽으론 용두암이 해안도로로 연결되어 있어 사람들이 많이 찾는다.

'요매기원'은 도두봉 동쪽 해안가에 위치해 있다. 해안도로에서 바다로 내려가는 작은 길을 따라가면 원담이 보인다. 원담 주변 돌들이 날카로워 걸을 때 조심해야 한다. 해안도로에 원담 관련 설명 표지판이 있으니 읽고 내려가는 것도 좋다. 가을에는 주변의 억새가 바다와 원담과 어울려 제주만의 자연풍광으로 사람들의 발길을 머물게 한다.

요매기원은 이중 원담이다. 안쪽 원에는 물이 완전히 빠지면 원의 바닥이 보이나 바깥 원은 항상 물이 있다. 원담의 서쪽 담은 도두봉과 연결된 자연 빌레를 이용하였고 안쪽 원담의 동쪽 담은 겹담으로 쌓았던 형태로 보이나 담이 많이 허물어져 있다. 바깥원의 동쪽 담은 육지 부분으로 조간대와 연결되어 있다. 이중 원담 중 안쪽 담은 일자형 겹담으로 잘 쌓여 있다. 바깥

담도 일자형이나 중앙에 있는 큰 여[돌] 주위에 작은 돌로 담을 두른 형태이나 완전한 담의 형태를 보이지는 않았다.

도두봉은 제주시 서쪽 해안에 있는 해발 65m로 높지 않은 오름이다. 용담동과 이호동의 해안도로와 연결되어 있어 오름과 바다를 동시에 즐길 수 있는 곳으로 도민이나 관광객에게 인기가 높다. 도두마을에서는 매년 8월, 오래물 광장과 도두항을 중심으로 '도두오래물 축제'를 한다. 이때 오래물맞이 체험과 원담에서 바릇잡이 등 다양한 체험이 마을 주민 주도로 이루어진다. 도두봉 정상에서 하는 해넘이와 해맞이 행사는 제주시에서 가까운 곳에서 한 해를 보내고 새로운 해를 맞이하기 위해 많은 사람들이 참여하고 있다.

도두동 요매기원

제주시 이호동

1914년부터 일본이 해안과 연해에 어업권을 설정하여 허가받은 사람만이 활동할 수 있도록 하고 어장세를 징수하였었다. 이호동은 1927년 조선총독부에 제1종 면허어업인 석방렴石防簾 어업 면허원을 청원할 정도로 원담에서의 활동이 활발하였다.

이호동에는 백개 동東마을에 동성창원과 뒷물원이 있었고, 서西마을에 물짚은원, 모살원, 물쓴원과 현사마을의 원장개원 등이 있었다. 모살원과 물쓴원은 두 개의 대접을 엎어놓은 모양이어서 쌍원담이라 했다. 원래의 쌍원담은 이호 해안을 매립할 때 없어졌다. 현재 이호해수욕장 서쪽에 있는 쌍원담은 원래 있던 위치에서 서쪽으로 500m 이동하여 복원한 것이다. 이곳에서는 해마다 여름철에 원담 축제가 이루어지고 있다.

원담 축제 기간에 고망낚시와 바릇잡이 체험 등이 이루어진다. 체험을 위해서 우럭과 광어, 방어 등을 체험 시간에 맞춰 원담 안에 풀어 놓는다. 체험 시작을 알리는 신호와 함께 사람들은 고기를 쫓아 바다로 내달렸다. 잡은 고기를 놓쳐서 아쉬워하는 사람들, 고기를 들고 함박웃음을 짓는 사람들로 원담 주변은 활기찼다. 축제에 참여한 여행객은 바다에서 직접 고기를 잡을 수 있고 고기가 많아서 좋았다며 다음에도 참여할 생각이 있다고 했다. 축제의 장에서 사람들은 일상에서 벗어나 자유로운 시간을 즐기고 여행지에서 즐겼던 경험은 여행자에겐 특별한 기억으로 남을 것이다.

이호동의 원담에 대하여 김수성(남, 1960년생)은 "쌍원담은 제주에서 제일 큰 원이다. 옛날 원담 안에서는 족바지나 구덕, 차롱, 골체[삼태기] 등 물에 넣었다 건질 수 있는 모든 도구를 사용해서 주로 멜을 잡았다. 1970년대 이후에는 손잡이는 나무로 하고 테두리는 플라스틱으로 만든 족바지가 유행했다. 원담 안에 물이 반 정도 있을 때 한 팀이 멜을 다우리면[쫓아가면] 다른 팀은 멜이 도망치는 곳에 구덕을 놓았다가 고기가 들어오면 쑥 들어 올렸다. 잡은 것은 갯것[바닷가]에 사는 사람들이 나눠가지거나 구덕에 담아 등에 지고 오도롱, 광령, 노형 등 웃드르에 팔러 다녔다. 원담의 보수는 집마다 인력을 동원하여 봄에 정기적으로 했다. 반班별로 구역을 정하고 반장은 "너네 칙", "우리 칙" 하며 집마다 보수할 지역을 줘서 마을 전체가 공동으로 참여했다. 참여를 못 할 경우 궐을 부담했으나 공동체에서 생활하다 만나면 미안해서 거의 참여를 했다"고 한다.

쌍원담 안의 바닥은 모래가 많아 아이들도 놀기 좋았다. 원담 안에서 모래성과 탑 쌓기 놀이를 하고 관광객은 원담과 넓은 바다를 배경으로 삼아 사진 찍는 데 여념이 없었다. 모래사장과 원담이 닿은 부분에 문수물통이 있다. 문수물은 피부병에 좋다고 하여 마을 사람이 자주 이용했었다. 옛날에는 그 물을 먹기도 하였으나 요즘은 먹지는 않는다. 물이 솟는 주변에도 낮게 돌담을 쌓아 관리를 하고 있어 큰 원안에 작은 원이 있는 모양이다. 한여름에도 물은 시원하다.

김수성은 "이호동은 모래사장이 있어 그물로 원담 안에서도 멜을 잡을 수 있었다. 해수욕장 쪽에 그물 움막을 만들어 그물을 보관했다가 사용했다. 원 안으로 어렝이, 볼락, 우럭, 전갱이가 들어왔다. 참대나무와 작은 수리대로 창대를 만들어 멜을 따라 원담 안으로 들어온 갈치와 돌 틈에서 우럭을 낚았다. 동성창원 쪽에는 모래가 없고 자갈이 있어 보말이나 바릇잡이를 했다.

낚시 미끼는 큰개수리와 작은개수리[갯지렁이]를 잡아서 사용했다. 원담 있는 쪽에서 개수리를 잡아 사람들에게 팔기도 했다. 큰개수리 머리 하나에 기억이 확실치는 않지만 100원인지 10원인지 준다고 해서 찰흙이 있는 바닷가에서 잡았다. 실지렁이는 소금을 뿌렸다 미끼로 사용했다. 이호1동 바닷가에서 잡은 깅이는 맛이 좋기로 소문났다. 깅이와 볶은 콩을 넣고 반찬을 만들었다. 현사마을의 논밭에는 몸통이 굵고 등이 반짝반짝한 촘깅이도 있었다. 어렸을 때는 다갈깅이를 잡기 위해 끈에 고등어[또는 죽은 어류 고기류]를 미끼로 해서 바닷물 속에 담가놓으면 깅이들이 와서 미끼를 물었다"고 한다.

쌍원담은 하루 두 번 물에 잠기고 완전 밀물 때는 담이 완전히 잠기어 형태만 어렴풋이 보인다. 물이 들어올 때 바다를 보고 있으면 원이 잠기는 것을 확인할 수 있을 정도로 속도감이 있다. 물이 들기 시작하면 담이 길어서 걸어 나올 때 위험할 수 있으므로 원담의 중간 지점에 있을 때는 지체하지 말고 바로 나와야 한다.

오른쪽 위·이호동 쌍원담 중 오른쪽 물썬원
오른쪽 아래·이호동 쌍원담 중 왼쪽 모살원
아래·이호동 원담 축제 때 바릇잡이 모습

제주시 외도동

외도동 연대마을의 원담은 이중으로 쌓아진 원으로 바다 쪽을 베낏[바깥], 마을 쪽을 안원이라 한다. 베낏원은 10여 년 전에 톳을 캐기 위하여 파괴되었으나 안원은 둥그런 형태로 잘 보존되어 있다. 담의 폭은 2~3m로 꽤 넓으며 높이는 만조 시 담이 물에 잠길 정도이고 길이는 약 40m, 면적은 약 990m^2이다. 보통 이곳을 연대원이라고 부른다.

농·어촌 마을을 다니다 무엇인가를 물어보려 해도 길에서 사람을 만나기가 쉽지 않다. 마을 입구의 팽나무와 낮은 집들만이 외지인을 맞이한다. 거리에서 우연히 누군가를 만난 것이 기쁨이었다. 포구에서 고등어 잡이를 나가기 위해 연료를 담고 있던 어르신을 만나는 행운을 얻었다. 원담에 대해 물어보니 바쁜 일손을 잠시 놓으시고 "집은 가문동[제주시 애월읍]인데 연대 포구에 배를 정박하고 이곳에서 고기잡이를 하고 있다. 연대 마을에는 연대원 하나고 가문동에는 죽항 내려가는 곳에 너북원과 물통 있는 곳에 원담이 있다. 원담 안에서 잡은 멜은 구덕에 담아

연대원담

어깨에 지고 팔러 다녔다. 판 돈으로 쌀과 보리쌀, 좁쌀로 바꿔다 먹고 학교 회비를 내는 데 사용했다. 많이 잡을 때는 말斗로 잡았다. 그때는 바다에서 아무나 고기를 잡을 수 있었지만 지금은 허가를 받아야 고등어고 자리도 잡을 수 있다"라고 이야기 해 주시고 아들과 함께 연료통을 자동차에 싣고 고등어를 잡으러 가기 위해 배 쪽으로 가셨다.

연대원 앞에 있는 정자는 원담 주변의 유일한 그늘 장소로 마을 주민의 쉼터로 이용되었다. 연대원은 밀물이 되면 원이 모두 바닷물에 잠긴다. 그 옛날 밀물 따라 들어왔던 멸치들이 썰물이 되어 원에 가득 찼던 모습을 상상하며 한참을 바라봤다. 원담 주변에 거북이 등 모양의 빌레가 소금빌레로 활용했었나 하는 생각이 들었다. 그때 해녀의 집에는 물질을 끝나고 뭍으로 올라온 좀녀들이 모이고 있었다. 돌미역과 소라, 오분자기 등 수확물을 망시리에서 꺼내며 사진 찍는 것을 허락하고 "오늘은 오분자기도 잇신게" 하시며 자연산 오분자기가 귀한 몸이라며 보여주셨다.

자연산 오분자기, 주황색 테왁과 망시리

제주시 화북동

화북동에는 멜드는원, 조개원, 돈돌기원, 대명원 등이 있다. 멜이 많아 붙여진 이름인 멜드는원은 화북포구 서쪽에 있다. 멜드는원은 동서로 길게 타원형으로 바다 쪽에 쌓여 있고 마을 쪽은 해안도로 벽이 담 역할을 했다. 동쪽 끝은 화북포구와 맞닿아 있고 서쪽 끝은 조개원과 닿아 있다.

조개원은 멜드는원의 서쪽 담과 빌레를 이어 담을 쌓아 만들었다. 원 모양이 조개를 닮아서 붙여진 이름이다. 두 원을 뒤로하고 해안도로를 따라 서쪽으로 가면 곤흘동마을이 있다. 곤흘동마을은 제주 4·3사건 때 사라졌다 다시 마을이 형성된 곳이다. 마을 입구에 돈돌기원이 있고 대명원은 화북포구 동쪽에 있다.

멜드는 원의 담 역할을 하는 해안도로 석축 위에 ㄷ모양의 건물이 동네 어르신들의 사랑방이었다. 많은 시간을 그곳에서 지낸다고 한다. “멜드는원과 조개원을 누가 처음 쌓았는지는 모르나 담이 무너지면 마을 주민들이 공동으로 담을 닿았고

[쌓았고] 원담 안에서 헤엄치며 놀고 고기도 잡았다. 원 안에 고기가 들어오면 누구나 잡을 수 있었다. 원담 안에는 멜과 멜을 좇아 갈치, 고등어 등 큰 고기들도 들어왔다. 어느 날은 멜드는원에서 벤자리를 차로 다 못 실을 정도로 잡았다. 멜이 가장 많이 드는 시기는 음력 3월부터다. 사리 때가 아니면 매일 멜이 들어왔다. 새벽 2시경 족바지나 사둘을 들고 원으로 나가 혼자 10개의 컨테이너에 가득 채우기도 했다. 많이 잡은 날은 즉석에서 불을 피워 삶아서 말려 팔았다"고 하며 오래전 원담에서 고기 잡던 이야기를 해주셨다.

현재 화북동은 원래 있던 사람은 10분의 1도 안 되고 외지에서 들어와 정착한 사람들이 많다고 한다. 원담에서 고기 잡았던 것을 기억할 수 있는 사람들이 많지 않다는 것이다. 갈매기가 멜드는원 담 위에 앉아 있는 이유는 원에 물이 완전히 빠졌을 때 바닥의 멜을 주워 먹기 위해 기다리는 것이란 걸 경험에 의해 아는 사람이 얼마나 될까.

생물들은 자연의 순환에 따라 먹이 활동을 하고 있는데 때로는 인간이 그 순환을 거스르는 행동을 하기도 한다. 어선 이동의 편리함과 바다의 기상악화 시 배의 피난처로 원이 있는 앞 바다에 축항을 세웠다. 원활하게 이루어졌던 밀물과 썰물의 순환이 축항의 영향으로 물살이 약해지고 해류도 변화되었다. 그 결과 고기들이 들어올 수 없게 되었고 여름철에는 파래가 밀려와 나가지 못하여 고여 썩었다. 어쩌다 들어온 고기는 사람들의 관심에서 멀어져 잡지도 않고 나가지 못해 죽은 상태로 방치되고 있었다.

한 어르신이 "해안도로가 생기기 전에는 도로와 맞닿은 집 앞까지 원이었다. 바다를 메워 도로를 만들며 원의 면적이 반이나 없어졌다. 멜드는원과 조개원도 얼마 없으면 사라질 위기에 놓여 있다. 악취가 심하고 원담의 활용 가치도 없어져서 원담이 있는 장소에 소형 선박을 정박시킬 수 있는 항구를 만들 계획이다"라고 했다.

매년 냄새로 어려움이 반복될 수도 있어 마을에서는 원담 주변을 개발하자고 주장하고 있었다. 개발하며 생긴 문제 해결을 또 다른 개발로 메꾸고 있는 것 같아 안타까운 마음이었다. 원담이 있는 장소가 포구로 등록되어 있어 원담의 보존은 어렵다고 한다. 해안 돌 문화를 지키기 어려운 이유다.

화북동 멜드는원

위·화북동 돈돌기원
아래·화북동 조개원

제주시 조천읍 신촌리

신촌리는 제주시 삼양동과 근접한 마을로 일주도로 주변에 마을이 모여져 있다. 조천읍은 용천수 나오는 곳이 많은 동네로 각각의 용천수를 돌아보는 '용천수길'을 만들어 탐방이 이루어지고 있다. 조반물원은 육지 쪽의 빌레를 이용하여 바다 쪽에 타원형 겹담을 쌓아 원을 만들었다. 보는 위치에 따라 원의 모양은 원형이나 타원형으로 보이며 원 안에는 이끼가 많았다. 지금도 가끔은 고기가 들어오지만 좀녀들이 잡기 때문에 마을 주민들은 잡지 않는다고 한다. 베엄물원은 조반물원보다 작은 원으로 빌레와 돌 사이에 웅덩이가 생긴 것으로 자연원이다. 조반물통의 담과 빌레가 웅덩이 주변까지 연결되어 담의 역할을 하고 있다.

시원한 바람이 부는 날, 신촌리 바닷가에 조성된 정자에서 마을 어르신들이 이야기를 나누고 계셨다. 원담에 대해 물으니 원담 이름은 동쪽이니까 동동원담, 이것은 중간이니까 중동원담이라고도 했다고 한다.

한 어르신(남, 1938년생)은 중산간이 고향인데 4·3때 해안으로 내려왔다가 고향으로 가려 했으나 아버지께서 제주시[성내]에 살아야 한다고 해서 고향으로 가지 못했다고 한다. 신촌에서 오랜 세월 바다와 함께했다고 한다. 그는 "신촌리에는 조반물원, 감원[감모원], 베엄물원[베엄통]이 있었다. 베엄물원에서는 뱀장어가 나왔었다. 베엄[뱀]사 살았으니 이름을 지었는지 어렸을 때 여기서 자며 많이 잡아먹었다. 조반물원은 조반물 동쪽 바닷가에 있다. 신촌리에는 큰물과 족은물이 있었는데 족은물이 조반물이다. 큰물은 물이 잘 나오는 것으로 유명했었는데 메워버리고 그 위에 건물을 세웠다. 모시물[정자 바로 밑 부분으로 바다와 닿는 곳]에서 옛날엔 쇠말牛馬 물을 먹였다. 이디 물 싸버리면[썰물이 되면] 큰물로 가고 신촌에서는 쇠말을 많이 키웠다"고 한다.

또 다른 어르신(남, 1940년생)은 "1960년대 후반에는 원에 멜이 들면 잡으러 갔었다. 원담 안에서 좀녀가 소살로 큰 고기도 쏘아 잡아 오고 갑오징어도 잘 들었었다. 지금도 원담의 높이를 2m 정도만 높이면 고기가 들어 올 텐데. 멜 드는건 1m만 쌓아도 된다. 돌을 다 이르니[들쳐내니] 보말이 없고 원담도 없어졌다. 지금은 좀녀들이 해안 주변 경계를 강하게 하고 있다. 동네 사람은 바다를 막아놓으니까 안 가는데 부모님 집에 놀러 온 자식들이 물에 들어가려 하면 호루라기를 불어 못 들어가게 한다"라며 변화하는 바다 환경에 아쉬워했다.

위·신촌리 조반물원
아래·신촌리 베엄물원

제주시 구좌읍 김녕리

김녕마을은 올레담과 밭담이 잘 남겨져 있고 해안가에서는 빌레와 투물러스, 여 등 지질학적 가치가 있는 화산석을 쉽게 만날 수 있다. 김녕리 주변에는 세계자연유산으로 등재된 거문오름 용암동굴계인 만장굴과 김녕굴, 용천동굴, 당처물동굴 등이 있다. 역사와 자연경관이 아름다운 곳이라 많은 사람들이 찾아오는 마을이다.

김녕리에서는 원담을 '개'라고 하였다. 김녕리 신수개를 실측하고 마을 어르신들을 만나 원담을 중심으로 활동했던 이야기를 들었다. 신수개는 투물러스와 투물러스를 이어서 가장 가까운 거리에 돌을 쌓아 만들었다. 원담의 측량은 인공적으로 쌓은 돌담을 기준으로 했다. 원담의 모양은 일자형 다겹담이다. 바다 방향의 돌들은 흩어져 있었다.

원의 모양은 관측자가 어느 위치에 있는가와 관측 시점[조차의 영향으로 원에 물이 찬 정도]에 따라 다르게 보였다. 이는 원의 모양이 다원형이라 할 수 있다. 신수개의 모양은 긴 타원형 또는 삼각형 모양으로 관찰됐다.

신수개의 담은 동서 방향 일자로 놓여 있다. 중심 부분 안쪽의 높이는 약 80cm, 바다 쪽인 밖은 약 60cm로 안에서 밖으로 비스듬하여 밀물 시 물이 잘 들어오도록 하였다. 동쪽 끝 담의 안쪽 높이는 약 100cm, 밖은 약 70cm로 중심 부분과 같이 바다 쪽으로 비스듬하였다. 담 위의 폭은 담 중심 부분 약 150cm, 동쪽 끝부분 약 160cm로 사람이 지나다닐 수 있는 정도였다. 원담의 총 길이는 약 17.6m이며 중앙 부분이 낮게 쌓아졌고 원의 넓이는 약 100평이다. 물때에 맞춰 신수개에서 군벗이나 고둥, 미역 등을 채취한다는 한 주민은 군벗을 끓는 물에 담갔다가 건져내서 목장갑을 낀 손으로 박박 문지르면 부드러워지고 맛있다고 귀띔을 해줬다.

신수개 주변에는 3~4개의 용천수가 솟는다. 원 안에서 마을 쪽으로 가장 높은 곳에 솜박물이 있다. 아랫것은 엉덕물이다. 솜박물은 주변의 용천수 중 가장 늦게까지 단물[민물]이 나오는 곳이다. 물이 나오는 구멍이 옛날 보리와 조를 장만할 때 사용하던 그릇인 솜박을 닮아서 솜박이라고 했고, 엉덕물은 물이 오르내리니까 엉덕물이라고 했다고 한다. 신수개 동쪽 200m 지점에 있는 '청굴물'은 밀물 시에 물통이 바닷물에 완전히 잠긴다. 지금은 식수로 사용할 수 없지만 물이 시원하여 더운 여름 주민들이 자주 찾는 장소다. 복원된 청굴물통은 아랫단은 제주 자연석을 그대로 두고 그 위에 네모난 돌을 계단식으로 쌓았다. 현재의 물통 모습에서 제주 전통을 찾기 어렵지만 물이 들었다 나갈 때 보존된 물통 밑의 옛 돌 사이에서 흐르는 청량한 물소리는 마음을 맑게 해주었다.

정석호(남, 1934년생) 어르신은 "청수동 회관이 있던 곳까지 바닷물이 들어왔다 나갔다 했고 그 곳에 원담이 있었는데 메와 버렸다[매립했다]. 옛날 어릴 적에는 신수개에 돕댕이나 어랭이, 볼락이 상당히 많이 있었다. 지금은 그때의 10분의 1도 없다. 3월에 원담에 노랑쟁이가 나면 그 옆에 잰잰한[작은] 불볼락이 바글바글했다. 불볼락이 멜 같이 뛰면 그것을 낚았다. 지금은 없어졌지만.

신수개 바깥은 도리통이라 하고 가운데 둥그렇게 있는 돌을 도리통여라 한다. 돌에도 다 이름이 있다. 도리통여 맨 서쪽 작은 동산은 곱은[숨다의 제줏말]여다. 물이 들어왔을 때는 보이지 않으니 곱은여라 지은 것 같다. 신수개 남쪽 바위를 베엄동산이라 했다. 어렸을 때 바위 주변에서 큰 뱀이 나타난 것을 본 적이 있다. 신수개 서쪽 병풍같이 생긴 바위가 '매동산'이다. 매가 날아오면 오른쪽 바위에서는 가운데 앉고, 왼쪽 바위에서는 서쪽 끝에만 앉아서 쉬었다 날아간다. 동물들도 자기가 앉은 데만 앉는다. 요즘은 매가 없으니 아니 내려와 매동산이라는 이름을 아는 사람이 별로 없다"라며 마을 역사와 바다에서 한평생 살아 온 이야기가 끝없이 이어졌다.

"파도에 떠다니는 해초는 놀[파도]이 세면 뿌리에서 떨어진 해초들이 하영[많이] 물 위로 올라오는데 바람이 불지 않는 날은 천초[우뭇가사리]가 떠오르지 못한다. 이것들은 바람 불 때 올라온다고 해서 풍초라 한다. 천초를 건져 올렸는데 말리지 못할 땐 망다리에 담아 바닷물에 보관해야 한다. 젖은 것을 망다리에 담은 채로 땅 위에 놓아두면 안에서 열이 나서 천초의 색이 변하고 썩는다. 짠 물에 담가 보관하면 사흘까지는 썩지 않는다"라며 바다 생활의 지혜에 대해 말해 주었다.

정석호 어르신은 요즘 미역은 하지 않는다고 한다. 미역이 처음 곧게 올라 올 때는 깨끗해서 좋은데 올라와서 며칠 되면 맛이 떨어지기 때문이란다. 옛날에는 그것도 버리지 않고 건져내서 잘 먹었는데 요즘 사람들은 모양이 이상하면 먹을 걸로 생각하지 않고 양식 미역을 선호한다며 안타까워하셨다.

신수개 주변에서 바다에 떠오른 천초를 채취하시는 할머니는 90세가 되었는데도 집이 바다 옆이니 여름엔 물때가 되면 나오신다고 한다. 할아버지가 해초를 건져 주시면 할머니는 분리를 하셨다. 할머니께서 "손 본 우뭇가사리는 깨끗한 것을 골라서 일등품 30kg에 15만 원 한다. 등외로 2등, 3등도 있는데 그것은 얼마 안 한다. 우뭇가사리는 햇볕 받으면 색이 변한다. 단물[수돗물]에 빨아서 널어 말렸다가 삶아서 우미를 만든다"고 말씀하시며 계속 손을 움직이시는데 90세라는 나이를 잊게 하는 손놀림이었다.

위· 천초를 채취하는 부부-철굴물과 김녕도대불이 멀리 보인다.
아래·좀 먹은 목선

고동완(남, 1940년생) 어르신은 "정청막 포구에는 풍선風船 2척과 테우 3~4척이 있었다. 바다에서 포구로 들어오는 꼬불꼬불한 뱃길을 하르방들은 경험으로 다닌다. 김녕에서 채취한 미역과 용강포에서 잡은 멜이나 각제기로 젓갈을 담아 풍선을 타고 강진으로 팔러 다녔었다. 포구 앞의 바다를 하늘내라 한다. 동쪽으로 가면 신수개가 있다. 정청막 포구는 배를 댈 수 있는 범위가 좁고 파도가 치면 떠다니는 것이 많아서 지금은 이곳에 배를 대지 않는다. 포구 가기 전 마을 쪽의 바다는 새마을 사업하면서 많이 매립되었다. 이때 없어진 원담도 있다.

월정을 경계로 김녕 바다엔 개축을 안 해서 원담이 많이 있다. 포구 앞에 있는 것이 이중 원담이다. 바깥쪽 섬 있는 곳에 둘러싸여 있는 것이 쇠모살원으로 자연원담이다. 바깥쪽 원에 멜 들었다고 하면 원의 바닥이 넓어 멜이 엄청 많았다. 쇠모살원은 계속 관리를 하기 때문에 지금도 멜이 들어온다. 가을밤에 문어 잡으러 가다 오다 불을 켜고 보면 원담 안에 멜이 들어 있다. 요즘은 외지 사람이 멜거르레[멸치를 건지러] 다니지 않지만 원담에 멜 들었다고 웨어[소리쳐], 그러면 동네 사람들이 멜 잡으러 왔었다.

풍선이나 테우는 나무배라 바닷물에 놓아두면 좀이 먹지만 용천수 나오는 곳에 매어둔 배엔 좀이 없다. 한개 안쪽 민물통과 성세기해수욕장 포구 주변에 용천수가 나와 이곳에 배를 보관하면 몇십 년이 가도 배에 좀이 안 먹었다. 새 배[船]는 지어 와서 한 달에 한 번씩 '연안'이라고 해서 열로 배를 소독하여 배 검질을 매야 한다. 요즘은 가스버너로 하는데 옛날에는 조칢[조 껍데기]이 제일 좋았다. 조칢에 불을 붙이면 연기가 많이 나는데 그것을 배 밑에 깔아 놓는다. 연기에 소[좀]가 죽는다. 목선木船은 2년 동안 연안을 한 번도 안 하면 소가 배에 구멍을 뚫어 부서지므로 몇 년 동안은 몇 달에 한 번씩 계속해야 한다"라고 말했다.

강숙자(여, 1943년생) 어르신은 조천이 친정이고 김녕에서 30여 년간 생활하고 있었다. "조랑개[개=원담]에 있는 모랫물에서 물을 길어다 먹고 빨래도 했다. 집안에 일이 있을 때는 하루에 4~5번 길어왔지만 보통은 시간을 정하지 않고 3번 길었다. 김녕 물통은 코지 쪽에 남·여 목욕탕도 있었는데 다 밀어버렸다. 옛날엔 밭에 갔다 검질 매고[잡초 뽑고] 와서 팬티만 입고 목욕하곤 했는데 지금은 그렇게 하는 사람이 없다. 조랑개 앞을 모살밭[모래밭]이라고 한다. 물이 내리면[썰물 시] 모살밭이라 조개가 많고 크기도 7cm 정도이다. 조개로 미역을 넣고 국을 끓이거나 죽, 지짐이를 해먹었다. 김녕 초입에 있는 서문하르방당은 애기를 낳지 못하는 사람이 기도를 드리면 효험이 있다 해서 자녀를 얻고자 하는 사람들이 찾아온다"고 말했다.

모랫물은 관리가 안 되어 주변에 바다 쓰레기들이 모여 있었다. 모랫물 앞에 있는 조랑개는 둥근 타원형으로 쌓아졌고 담 안 바닥에는 크고 작은 돌들이 많았고 미끄러워 다니는 데 불편했다.

위·김녕 신수개(마을에서 바다 방향으로)
아래·김녕 신수개(바다에서 마을 방향으로)

김녕 조랑개와 모래밭물통

제주시 구좌읍 행원리와 하도리

행원리는 제주시에서 동쪽으로 30km 떨어진 곳에 위치하고 있다. 국내에서 최초로 풍력발전 단지가 조성된 곳이다. 구좌읍 행원리 해녀 탈의장 동쪽으로 약 100m에 있는 원담 위에서 사람들이 고망낚시를 하고 있었다. 그들은 집이 성산포인데 해안도로를 지나다 물이 빠져서 원담으로 들어왔다고 한다. 차에 낚시 도구를 가지고 다니며 물때가 맞으면 원담의 돌 틈 사이사이에 족대[수리대]를 꽂아 놓고 고기를 낚는다고 한다.

낚시꾼은 "고망낚시는 한 사람이 족대 하나를 가지고 하나의 구멍에서 낚시를 하는 것과 한 사람이 여러 개의 족대를 돌구멍에 넣어놓았다가 고기들이 미끼에 걸리면 잡는 방법이 있다. 행원, 월정, 김녕 등에서는 일대일 낚시가 주를 이룬다. 3명이 족대 50개 정도를 구멍에 넣어서 고기를 잡기도 했었다"고 한다.

하도리는 제주 시내에서 동쪽으로 33.6km 지점에 위치한다. 해안가를 중심으로 마을이 형성된 곳으로 옛 이름은 별방 別防 이다. 마을에는 문주란섬(토끼섬), 해녀박물관, 황근자생지, 철새도래지, 별방진성別防鎭城 등 자연 자원의 특수성과 역사를 느낄 수 있는 곳이 많은 마을이다.

구좌읍 하도리에는 많은 원담이 있었으나 흔적이 남아 있는 것은 드물었다. 남아 있는 원에서는 지금도 해산물을 수확하기도 한다. 조간대 하층의 원담에서는 고래가 원담 안에 들어와 놀다 나가기도 했다.

무두망개에서 보말과 깅이를 채취하는 모녀는 상도리에서 왔다고 한다. 바다 생물에 익숙하지 않은 딸은 엄마에게 하나하나 물어보며 보말을 채취하고 있었다. 잡은 보말은 간장과 고춧가루, 참기름, 깨가루를 넣고 무쳐 먹는다고 한다.

오른쪽·하도리 무두망개
아래·행원리 아친개

제주시 애월읍 하귀리

하귀리에는 새원, 묵은원, 통시원, 거문여원, 가릿여원, 도릿여원, 발파원이 있고 새기원은 흔적만이 남아 있었다. 다른 지역보다 원담의 원형이 많이 남아 있다. 원에 멸치가 많이 들어왔을 때, 원담의 보수는 멜이 들 때쯤 정해진 구역을 모둠(계)원이 책임지고 했다고 한다. 소임이 사람을 동원하고 나온 사람을 확인하고 안 나온 사람은 벌금을 받았었다. 원에 멜이 들어오면 담 보수에 참여한 사람이 먼저 뜨고 나야 다른 사람이 잡을 수 있었다. 멜이 많이 드니까 죽은 것을 주워가기도 했다고 한다. 밭의 이삭줍기와 같다고 할 수 있다. 현민웅(남, 1938년생) 어르신은 어느 날인가 원담 안에 부시리가 들었는데 담을 보수하는 작업에 참여하지 않아서 잡을 권한이 없어 못 잡았다고 한다.

죽항 옆에 있는 것이 통시원이다. 묵은원의 담에 붙여서 왼쪽으로 쌓았다. 새원은 묵은원에 이어 동쪽 진줄코지까지 간 것이고 전복이나 소라, 성게를 키우기 위해 일정 부분 담을 허물었다. 통시원의 물이 깊다.

김만여(여, 1936년생) 어르신은 "남편이 멜을 잡아 오면 리어카에 싣고 송냉이[용흥동], 구엄, 신엄까지 팔러 갔었다. 1960년대 초에는 멜 한 그릇에 20~30원 했었다. 1980년대에는 마을을 돌아다니지 않고 동문시장에 가서 팔았다. 큰 멜이 탁탁 튀는 것을 가져가면 사람들이 서로 사려 했고 한 되에 5천 원도 받았었다. 옛날에는 낙지, 해삼, 소라도 떠다 팔며 생활비로 사용했다. 굴멩이[해삼 닮은 것]는 잡아서 삶아 먹었는데 식감이 쫄깃하다"고 했다. 김만여 님이 어렸을 때는[10세 이전] 누군가가 돌아다니며 원 닿으러 나오라는 소리도 들었다고 한다.

현민웅 어르신은 집 옥상에서 원담을 보고 있으면 멸치가 드는 것을 알 수 있었다고 한다. 그는 "멜이 들면 물결이 일고 멜이 모여서 시꺼멓게 돌아다니는 곳은 물이 파랗게 보여. 멜이 들면 본 사람이 먼저 뜨고 나서 멜 들엄져!" 하고 말하기도 한다. 많이 할라고. 욕심이잖아. 나중엔 욕도 먹는다. 옛날에는 사람들이 원담 안에 멜이 들었는지 자꾸 돌아봤다. 원담에 멜이 든 것을 먼저 발견한 사람이 많이 떠지는 장소를 차지한다. 새원과 통시원이 만나서 쌓아진 부분에 멜이 많이 모여들었다. 옛날엔 지나다니는 사람이 배가 아플 때는 원담 구석에서 볼일을 보기도 했다.

원담 안에 어음을 설치하여 한 번에 많이 잡았다. 해가 질 때 물이 들어오면 감성돔도 있었다. 도구가 없는 사람은 빌려주기도 하고 멜을 잡지 못한 사람이 달라고 하면 나누어도 줬다.

원담에서는 숭어, 우럭, 멩마구리[갑오징어], 물꾸럭[문어], 놀치, 벤자리, 귀릿[벵어돔] 등을 잡았다. 놀치는 원담에서 고기를 잡으려고 다니면 원담 밖으로 도망가기도 했고 고기잡이배를 타고 바다로 나갔을 땐 배 안으로 들어올 때도 있다. 벤자리는 미역을 넣고 지리로 끓이거나 물회로 먹었다.

통시원에는 문어도 잘 나왔다. 지금은 바다를 매립해서 길을 만들었지만 바다와 맞닿아 있던 우리 집 화장실에서 볼일을 보며 원담을 보면 문어가 보여 볼일 보고 잡아 오기도 했다. 컨테이너가 없던 때는 멜을 많이 잡으면 서답구덕[빨래감을 담는 큰 구덕]과 마대에 담아서 옮겼다. 잡은 멜은 젓을 담거나 팔았고 남은 멜은 검브레기[보리집, 콩대, 유채낭, 깨 떨어난 나무]로 불을 때고 나온 재와 섞어서 널었다가 밭에 거름으로 사용했다. 원담 안은 자갈밭이다. 주정공장까지 자갈밭이라 낙지가 많았다. 가릿여까지 안 갔지만 거문여부터 집 앞에서도 많이 잡았다. 횃불 들고 보면 낙지가 있었다"고 한다.

문갑영(남, 1960년생)은 "하귀리에 원담이 만들어진 것은 100년도 더 됐다. 아버지와 동네 어르신들이 반별로 보수를 했고 당시에(초등학생) 아버지를 따라서 쌓은 적도 있다. 원담의 높은 곳은 약 1m, 낮은 곳은 약 70~80cm 정도 된다. 원에서 고기를 잡았던 사람은 주인의식이 있어 무너진 담을 볼 때마다 쌓아놓곤 했다. 사라진 담의 원래 모양은 가운데가 쑥 들어가고 양쪽에는 올라온 파리채 모양이었다. 발파원은 30~40년 전에 어초들이 살라고 바위를 발파시켜 돌을 깨서 서로 이은 것이다.

원담에서는 돌 틈 사이에 있는 성게를 채취하거나 멜과 따치, 미스이깡[갑오징어], 날치, 쥐고기, 문어, 낙지 등을 잡았다. 날치는 고등어나 숭어와 비슷한데 날개가 있고 고등어보다는 반짝반짝하다. 물이 빠진 원 안에서 손으로 잡기도 했다. 관전동 술 공장 앞의 가릿여원에서는 지금도 미스이깡과 따치도 든다. 붉바리가 맛있었는데 지금은 우럭이 더 맛있다. 옛날에는 생선을 회로 먹는 방법을 몰라서 주로 미역을 넣고 국을 끓였다. 깅이는 갈아서 죽을 쒀서 먹었다.

원담 안에 물이 있을 때는 수영을 하곤 했다. 지금은 허물어진 돌로 위험하지만 담이 제대로 있었을 땐 담 안의 바닥이 발에 걸리는 것이 없이 매끈하여 사람들이 다니기도 좋고 놀기도 좋았다. 그러나 돌이 바닥에 펼쳐져 있으면 톳 밭이 되는데 돌이 쌓여 있으면 톳은 안 되고 고기들만 들고난다고 하여 마을에서 톳을 수확하기 위해 원담을 허물기도 했다"라고 말했다.

강문선(여, 1967년생)은 멜을 잡고 학교에 간 날은 몸에서 비린내가 나기도 하고 머리카락에 멜 비늘이 묻었다고 친구들이 말했을 때는 창피했었다고 한다. 그녀는 "원에서 멜을 잡았던 때는 1980년 초반쯤이다. 어머니가 새벽에 멜 들었다고 원에 나가자고 깨우면 가기 싫어 짜증이 났었다. 멜을 뜨고 나면 얼굴에서 발끝까지 온몸이 멜 비늘로 은빛이 됐다. 몸도 은빛 바다도 은빛이었다. 멜은 은빛으로 오기 때문에 멜이 드는 곳은 바닷물이 반짝반짝 빛났다. 여름에는 시도 때도 없이 멜이 들었다. 멜이 들어왔을 때는 원담이 하얗다. 멜이 들어오면 사람들 눈이 커지고 동네 잔치 같은 느낌이었다.

원에 들어온 멜을 작은 족바지나 소쿠리로 건져냈다. 족바지 그물은 코가 작아 멜대가리가 그물코에 걸리지 않으니 원 안에서 떠다니는 것을 건져내면 됐다. 건져낸 멜은 금방 죽기 때문에 필요한 만큼 빼놓고 바로 삶았다. 원담 옆에 큰 돌을 세워 그 위에 솥을 올려놓고 나무 장작으로 불을 때서 순간 삶아 낸다. 멜을 삶는 솥은 공동으로 사용했고 땔감은 각자가 가지고 왔다. 나무 장작은 파군봉에서 삿다리를 줍기도 하고 할아버지와 아버지가 나무를 베어서 밖거리 옆 막살이에 보관한 것을 사용했다.

멜 삶는 순서는 정해지지 않았고 빨리 잡은 사람이 삶고 있으면 다음 사람은 기다렸다가 했다. 멜을 삶을 때는 물이 끓으면 멜을 넣고 한 번 휘~ 저은 다음 바로 건져내 모기장 천으로 만든 멍석에 널었다. 멜을 오래 삶으면 질겨지기 때문에 바로 건져야 한다. 멍석 위에 멜을 뿌리고 겹치지 않게 넓게 펴서 말려야 썩지 않고 잘 마른다.

멜 잡은 날은 아버지가 멜 회무침을 잘 해주셨고, 어머니는 멜 튀김을 해줬는데 바로 잡아서 튀긴 것이라 부드럽고 맛있었다. 마을에는 멜 가공 공장이 있었다. 원담에서 잡은 멜은 개인들이 소비하고 멜 배에서 잡은 것은 멜 공장에서 가공해서 팔았다. 요즘은 원에서 멜을 보기 힘들다"고 말했다.

배순생(여, 1932년생) 어르신은 "원담 안에 멜이 들었다고 하면 사람들이 두렸다[미쳤다는 제주고어]. 온 가족이 옷이 젖는지도 모르고 추운 줄도 모르고 많이 담으려고 원 안에서 바쁘게 움직였다. 잡은 멜은 반찬으로 먹거나 생 멜과 말린 것을 팔러 다녔다. 생 멜을 담아 무거워진 리어카를 끌고 시어머니와 함께 웃드르 마을인 상귀, 고성 등에 팔러 다녔다. "멜 삽서", "자리 삽서" 하고 외치면 집마다 사람들이 나와 사 갔다.

묵은원에서는 멜보다 톳, 해초 등을 채취하고 낙지를 잡았다. 원담에 멜이 많이 들거나 시아버지가 테우를 타고 바다로 나가 자리돔을 떠오면 많이 잡아 오지 말았으면 하기도 했었다. 팔러 다니기 힘들고 창피하기도 했다. 저울은 없었고 큰 통에 담긴 멜을 작은 그릇으로 떠서 팔았다. 얼마를 받았는지 기억은 없지만 돈이 없다고 하면 쌀로도 받았다. 마른 멜보다 생 멜을 더 비싸게 팔았다. 멜을 팔아 반찬도 사고 생활비로 사용했다"고 한다.

강순일 좀녀는 "동네 남자들이 원담을 돌아보고 멜 들면 "멜 들엄져" 했지 좀녀는 관계하지 않았다. 이젠 멜도 안 들어온다. 원담도 헤싸져[흩어져] 버렸다. 원담 안에 성게를 드리치니[넣어놓으니] 성게를 잡으려고 돌을 뒤집어 돌담이 무너졌다. 바다 조금 알레로[밑으로] 가서 풀 없는데꺼 잡아다가 원담 안에 들이쳐야 성게가 욤[알이 큰다]는다. 바다 아래 그냥 놔두면 알맹이가 없다. 물질은 여둡물부터 나흘 놀고 조금 때부터 나간다.

여듭물은 물살이 쎈 웨살이라 바닷속에서 발을 가만히 두면 몸이 파도에 쓸려서 동쪽 연대마을까지 흘러간다. 물속에 내려갔다 올라오면 테왁도 다른 데 가 있었다.

옛날에는 관탈섬으로 당일 물질도 갔다 왔었다. 큰좀녀들이 어부 배를 빌려 비용은 각자 부담하고 새벽 4시에 출발했었다. 관탈섬의 소라와 해삼이 굵다. 바닷물이 끓는 물같이 막 올라와 물질을 할 수 없을 때는 바위 위에 불턱을 만들어 쉬며 싸간 도시락을 먹는다. 바당에 금덩어리가 집만큼 큰 것이 있어도 물속엔 아무 때나 들어갈 수 없다. 족은 관탈섬은 쉴 곳이 불편하여 큰 관탈섬에서 쉰다. 하루는, 같이 물질 갔던 동료가 지나가는 배에 머리를 받쳐서 다쳤다. 그래서 테왁을 붉은색으로 바꾼 거다. 붉은 것이 바다에 떠 있으면 해녀 있구나 하고 배가 비켜서 갔다.

어부들은 매일 어두워지면 바당에 나간다. 우리가 물질할 때 어부들이 모는 배가 탕탕탕 소리를 내며 나가는 거 보고 "아저씨 많이 협서양" 하면 수박을 한 통 턱하고 던져 주고 가기도 했다. 바당에서 수박을 벌러[쪼개] 먹으면 무사[왜] 경[그렇게] 맛있는 거라. 존물[짠물] 직어져 그런가"라고 말했다. 물질을 나가기 전 걸걸하게 하하하 하는 사람을 만나면 재수가 좋고, 기분 나쁜 사람을 보면 종일 못 잡는 날도 있다고 하며 원담과 좀녀들의 활동에 대해 이야기를 해주셨다.

위·하귀 묵은원, 새원, 통시원
아래·관탈섬에서 물질하다 쉬는 중 ⓒ 강순일

하귀 가릿여원

제주시 한림읍 금능리

한림읍 금능리에는 소원, ᄆᆞ른원, ᄌᆞ르기원, 모살원, 으뜸원이 있다. 금능해수욕장 서쪽에 있는 ᄆᆞ른원의 원안에는 약간의 모래가 있으나 현무암이 어지럽게 놓여 있어 걸어 다니기 어려웠다. 원담은 다겹담이고 담위의 돌은 쌓았다기보다는 그냥 놓인 상태로 울통불퉁하다. ᄆᆞ른원 옆에 있는 물통[용천수가 나오는 곳] 안에는 녹조[파래 등 해조류가 물에 많이 떠 있었음] 현상이 심하였고 담은 돌 사이와 윗면을 평편하게 시멘트로 보수를 하였다.

으뜸원은 해수욕장과 붙어 있는 곳으로 겹담으로 쌓아졌다. 원 안은 발을 간질이는 모래가 넓게 바닥에 깔려 있었으나 군데군데 날카로운 돌이 있어 밟지 않도록 조심하며 움직여야 한다. ᄆᆞ른원과 으뜸원은 밀물이 되면 원이 바닷물에 완전히 잠긴다.

으뜸원은 금능 해수욕장의 모래사장을 앞마당으로 비양도를 병풍 삼아 담 안에서 물놀이를 즐길 수 있는 안전한 장소로 많은 사람들이 찾는 곳이다. 원담을 보수하며 해수욕장과 가

금능 으뜸원과 비양도

까운 쪽의 담 위에 물고기를 안고 있는 대형 돌하르방 조형물을 세웠다. 제주도의 상징물을 표현하여 시선을 끌긴 했으나 원담의 원형에서 벗어난 보수가 조금은 아쉬웠다. 그러나 여행객들은 원담과 비양도, 바다를 배경으로 사진 찍는 데 여념이 없었다.

금능리에서도 여름이면 이호 원담 축제와 겹치지 않는 날을 정하여 해마다 원담 축제가 이루어지고 있다. 바릇잡기나 선진그물을 이용한 고기잡이 체험에 도민과 관광객이 참여한다. 2018년 원담 축제 기간 중 원담 돌구멍에서 게와 고둥을 잡고 있던 서울에서 관광 온 가족을 만났었다. 그 가족은 3대가 함께 여행을 즐기고 있었다. 지금 고기를 잡고 있는 장소가 옛날 제주에서 고기를 잡았던 원담이라는 설명을 시작으로 원담의 유래에 대해 이야기를 해주니 여행 중에 덤으로 얻는 체험이라 더욱 즐겁다고 했다.

서귀포시 대포동

배튼개 담은 만灣이 있는 마을 쪽에 공간이 생기도록 바다 쪽에 一자로 약 30m 담을 쌓았으나 보수를 하지 않아 부분적으로 무너진 곳이 있었다. 배튼개는 조간대 하층에 있어 썰물에도 물이 고여 있다. 주변에는 다른 지역보다 갯강구가 많이 서식하고 있었고 돌들은 파도에 의해 부드럽게 된 몽돌이 많았다. 바닷가 주변에서 거품이 보이는 것은 밀물이 시작할 때 나타나는 현상이다.

김강자 어르신은 대포동의 원담에 대해 "배튼개는 검은빌레부터 검자리까지 담을 쌓아 놓은 것이다. 고기가 잘 낚아지니까 '괴기난덕'이라 해 놨다. 태풍이 강할 땐 고기가 들어왔나 하고 원담을 돌아보기도 했다. 15~16살에 미역허채 시기가 되면 배튼개 근처에서 어머니 따라 미역 풍조하고 소라 풍조하며 바다일을 배워 줌녀가 되었다. 바닷속에서 올라와 쉴 때 어른들이 불턱 자리를 점령하면 아이들은 돌 담은디가 의지하여 쉬곤 했다. 땔감은 어머니들이 '불소수레기[처음 불붙일 때 사용하는 것] 할 거 거두워 오라' 하면 바다에 떠밀려 온 장작들과 소낭을 주워오곤 했다.

해녀의 집 앞의 두리여와 검은빌레 사이를 큰엇도라 한다. 큰엇도에 배튼개가 있다. 배튼개 담은 옛날부터 있어서 보수를 했었는지 모르지만 근간에 춘가네 어르신이 트럭을 이용해서 돌을 날라 담을 쌓았다고 한다. 어른들이 "큰엇도 가보라" 하는 것은 배튼개 바당에 가보라는 것이다.

당앞개를 지나 축구장 서쪽 올레길 걷는 곳으로 가다 보면 있는 '도릿발통'에 멜이 엄청 들어온다. 봄 나가면 거기서 멜 잘도[매우] 하영[많이] 걸어났다. 제배낭개에서는 굴멩이도 잡고 태풍 쎌 땐 고기가 들어왔신가 하고 돌아보기도 했다. 30여 년 전만 해도 하르방들이 원담 안에서 고기를 잡고 담이 쓰러지면 쌓고 했었는데 언제부턴가 담이 무너져도 내버려 두니까 경계만 조금 남아 있고 지금은 원에서 잡는 것도 별로 없다"고 말했다.

바다와 맞닿아 있는 마을에만 어촌계가 생기기 전, 배튼개는 중산간에 있는 회수마을 소유였다. 마을에서 공동으로 관리하고 미역 채취가 허락된 시기에는 회수마을 사람들이 내려와 미역을 채취했었다. 그러나 바다와 접해 있는 마을에만 관리를 맡기며 중산간 마을의 원담 소유권은 사라지고 회수 바당은 대포 바당이 되고 하원 바당은 강정 바당이 되었다.

검은빌레 서쪽은 소라와 전복 등의 종패를 심어 놓은 곳이라 출입을 막았고, 검은빌레 동쪽에 있는 원담 주변은 일반인[어촌계 비회원]이 출입하여 보말을 잡을 수 있도록 했다. 그러나 사람들이 수영해서 종패 심어 놓은 곳까지 들어가곤 하여 어촌계원들이 장소를 정하고 순번제로 감시를 하고 있었다. 이러한 현상은 어촌계가 있는 모든 바다의 일반적인 풍경이다.

바다에 있는 돌출된 암초인 '여'에도 각각의 이름이 있듯이 바다도 이름이 있다고 한다. 대포바다 동쪽에서 서쪽바다 방향으로 주변 지형지물을 반영하여 검자리바당, 배튼게바당, 큰엇도, 실네, 제배낭개, 모살넙개, 큰가물, 샛도, 묵은개, 당앞개, 검은모들, 코지, 도릿발, 연디밑이, 벵이개, 들납개, 지삿개, 대포바당 하며 이름을 가르쳐 주셨다. 김강자 어르신은 대포에서 태어나고 자라서 잘 알고 있는 것이고 외지 사람은 그 바당이 그 바당이라 한다. 언제까지 이름이 기억될지 모르겠다고 말하며 바다를 바라보셨다.

ᄃᆞ릿발통은 화산활동 시 생긴 자연형 원이다. ᄃᆞ릿발통은 용암이 차가운 물을 만나 튕겨 나가며 가운데 웅덩이가 만들어진 것이다. 물웅덩이 주변으로 뜨거웠던 화산석이 식혀지며 물이 차 있는 못 주위에 다양한 모양으로 굳어져 담의 역할을 하였다. 하늘과 담의 형상을 담아낸 물웅덩이에서 백두산 천지의 모습이 떠올랐다.

박순희(여, 1951년생) 어르신은 옛날 이웃 마을 사람이 배튼개에서 많은 고기를 잡았었다는 일화를 소개해 줬다. "어느 날은 중문에 사는 사람이 대포바다로 운동하러 왔다가 배튼개를 보고 '여기 원 만들어놨구나. 뭐 들엇신가' 하며 원 안을 보난 뭣이 파닥파닥하는데 미스이깡[갑오징어]이 뛰고 있어서 한 컨테이너를 해갔어. 대포사람은 잡아 보지도 못한 것을 중문사람이 잡아간 것이야. 대포사람은 원을 만들어놔도 돌아보지 않고 끈기 있게 기다리지도 않았다. 옛 어른들은 '갯것들은 동상[서서] 바람서상[바라봐야] 얻어먹는다[바다에 있는 것들은 서서 지켜봐야 잡을 수 있다]'고 했는데 사람들은 몇 번 돌아보고 '없구나' 하고 그냥 간다.

20년 전까진 태풍 불고 나면 보수를 해서 고기가 들어오고 물이 깊고 담이 높아 못 나간 고기를 잡았다. 지금은 관리를 안 하고 좀녀들도 그냥 막 다닌다. 우리[좀녀]가 잡화[여러 가지 해산물을 채취할 때] 할 때는 배튼개 쪽으로만 나오고 큰엇도 갯가로 안 나온다. 원담이 있으면 바다에 나갔다가 쉽게 오지 못하기도 해서 만약에 원담 해가면 좀녀들이 못 하게 한다. 소라 할 땐 소라 당그는 데가 포구라서 포구로만 나온다"며 원담이 때로는 좀녀들을 위험에 빠트리기도 했다고 한다.

양미자(여, 1954년생) 어르신은 "대포동의 당앞개는 당앞에 있는 원이라 그렇게 부르는 것 같다. 옛날 테우 할아버지들이 테우를 3~4개 메언 자리돔도 뜨고 해나난 두릿발에 당을 만들어 기도드리고 허멍 테우 타고 나가 났주게. 할아버지들은 옛날에 돌아가셨주만은 그분들이 기도드리며 해난데난 어머니들도[좀녀] 바다에서 무사히 지내게 해달라는 의미로 일 년에 한 번

당에 가곡, 자장코지에 있는 해녀당에는 해마다 음력 3월, 6월, 11월에 간다.

큰갯물원은 원이 아니고 지명이다. 당앞개에는 동개·앞개 두 곳에서 단물이 난다. 동개물은 물통까지 가는 길이 불편하여 사람들의 왕래가 적어 물이 깨끗하다. 물이 돌 고망[구멍]에서 흐르고 있어 물의 양이 많지는 않지만, 줌녀들은 그 물을 떠다 바다에 나가기 전 당[神堂]에 갈 때나 집에서 가족들의 건강과 복을 빌어줄 때 사용했다"고 한다.

오른쪽 위·대포동 당앞개
오른쪽 아래·대포동 도릿발통
아래·대포동 큰엇도 해안에서

대포동 배튼개

서귀포시 법환동

서귀포시 법환동 해녀의 집에서 만난 상군 좀녀는 "법환동의 원담은 자연원담으로 해녀의 집 동쪽 전경초소 앞에 있는 신통개[남해원담, 남해의 옛말은 일랭기라고 한다]와 해녀의 집 앞에 있는 멜통[도리술동개], 멜통 서쪽 너븐물원[망달리, 공물각이라고 한다], 채복개통[멜통] 등이 있다. 자연적인 것은 '통'이라 하고, 만든 것은 '원담'이라고 부른다.

해녀 체험장 앞에 자연 원인 멜통은 넓진 않다. 복원하려 해도 못 하고 메워 버리지도 부수지도 못해서 그냥 두었다. 미끼통이라 물이 싸면 고기들이 나가버리는 장소라 잡히는 것도 별로 없고 어쩌다 고기가 들어오긴 하는데 해산물이 생성되지는 않는다. 해녀 체험장 서쪽에 있는 서건도 주변에 물이 싸면 물 갈라지는 곳에도 원담이 있다. 그곳에 멜이 많이 들어 멜통이라 했다.

옛날 상군들이 불턱에 모여 있으면 옆에 가지도 못했지만 지금은 그런 것이 없다. 하나의 불턱 불 옆에는 10명 정도만 앉을 수 있어서 많으면 옆에 다시 불을 만든다. 하군은 추워서 바다에 오래 못 있어 바로 나와 불을 쬔다. 나오는 시간이 달라서 상군은 다른 곳에서 불을 쬐기에 자연스럽게 그룹이 형성된 것이다. 하군은 2시간, 중군은 3시간, 상군은 4시간 30분~5시간 정도 작업을 한다.

지들커[땔감]는 개인이 가져왔다. 바다에서 봐진 것들은 모두 건져다 불휴지 옆에 놓으면 말려가며 사용했다. 그것은 연기가 팡팡 나고 냄새나며 불이 붙는다. 밀감 담았던 나무 상자를 태우면 연기가 많이 나지 않았다. 돗통낭도 사용했다. 돗통낭은 도세기집 지어난 것으로, 괘씸한 돼지들은 자기 집인지 몰라 그것을 뜯어 버려 밑으로 내려가면 올려서 다시 쓸 수가 없다. 똥통의 나무는 집안의 땔감으로 쓰지 않았지만 불턱에서는 땔감으로 사용했다. 바다에서는 숭이 없어 쓴다. 물질할 때 불턱에서 불을 쬐며 쉬던 것도 고무 옷이 나오고 현대식 탈의장이 생기며 사라졌다. 신식 탈의장에서 따뜻한 물로 목욕하고 휴식하며 커피 한 잔 마시면 추위가 빠르게 풀어진다"고 말하며 장비가 현대화되어 편리하지만 그만큼 일하는 시간도 늘어났다고 한다.

오른쪽 위·법환동 자연원담 멜통
오른쪽 아래·법환동 남해원담

서귀포시 보목리

썰물이 되어 드러난 해안에서 사람들이 허리춤에 두꺼운 비닐봉지를 차고 보말을 채취하고 있었다. 몇몇 사람은 물웅덩이에서 무엇인가를 줍고 있었다. 해안가에서 바다를 감시하고 있던 고창희(남, 1940년생) 어르신이 보목리의 원담에 대해 설명을 해주셨다. "보목리에 있는 원담은 베개원, 설낭앞원, 느알원이 있다. 어촌계 식당 앞은 베껫동네라 베개원, 제지기오름 앞 설낭앞원은 선돌 앞에 있어서 선돌앞원이라고도 했다. 제주대학교 연수원 쪽 소천지 밑에 느알원이 있다. 원의 이름은 보통 지역 이름을 많이 쓰고 보목리에는 자연 원담이 많다. 설낭앞원에서 중학교 때까지 멜을 잡았다. 지금은 담의 형태가 많이 사라졌지만 50여 년 전까지만 해도 ⌒생긴 담의 모양이 있었다. 세월이 많이 흐르고 사람들이 돌을 일러서 보말도 잡고 원상복구를 하지 않아 자연스럽게 없어진 것이다.

어촌계원이 아닌 사람은 조간대에서 청고메기만을 잡도록 하였는데 사람들은 물이 싸면 물 따라 내려가다 수두리 보말까지 잡는다. 이곳은 성게나 소라 양식장이어서 영업용으로 채취하려는 사람들을 감시하는 것이다. 좀녀들이 한물에서 다섯물까지 고메기물에 들어 보말이나 수두리를 채취한다. 사람들이 돌을 일러 잡아버리니 좀녀들이 물에 들어도 수확할 것이 없다. 일반 사람들은 일정 구역 밑으로는 못 가도록 했는데 욕심내서 잡다 보면 통제구역 밑으로 내려간다. 고메기 잡으러 다니며 돌을 헤쳐 놓으니 원담이 없어지는 것이다"라며 보말을 잡으며 모르고 바다로 계속 내려가는 사람도 있지만 욕심으로 내려가는 사람도 있어서 관리를 한다고 한다. 설낭앞원은 원이었다고 말해주어서 알 수 있을 정도로 원담의 형태를 알아볼 수 없을 정도로 흩어져 있었다.

보목리 설낭앞원

보목리 배개통

서귀포시 남원읍 태흥2리

남원의 원담 답사를 하기로 했다. 혼자 가는 초행길이라 쉽지 않았다. 내비게이션이라도 있었으면 좋았을까. 핸드폰으로 해 볼까도 했지만 나의 지리 감각을 믿으며 바다 방향으로 핸들을 돌렸다. 그러나 주변 풍경은 중산간 마을을 지나가는 것 같은 느낌이었다. 원담을 찾지 못해도 할 수 없고 현장에 갔는데 수확이 있다면 바랄 것이 없고 하는 마음으로 계속 달렸다. 전혀 바다가 보이지 않았다. 겨우 들어간 길은 막다른 골목, 후진으로 어렵게 빠져나왔다.

다시 동쪽으로 지나가는데 양식장과 간판을 보니 와본 적이 있는 마을이었다. 낯설었던 곳에서 만난 익숙함의 반가움은 더 큰 기쁨으로 다가왔다. 기쁨도 잠시 어디가 원담인지 알 수가 없었다. 뜨거운 여름날이라 그런지 길가에 사람도 없었다. 정자에 사람이 보여 반가움에 달려갔으나 할머니가 낮잠을 주무시고 계셨다. 다가가기 미안하여 발길을 돌렸다. 그렇다고 보이는 바다 돌들을 무턱대고 사진을 찍기도 그렇고, 이 일을 어쩐다. 무조건 바다 쪽으로 걸어 내려가니 해녀의 집이 보였다. 고무 잠수복이 널려 있고 테왁이 걸려 있다. “삼춘~~” 하고 불러보지만 대답이 없었다.

탈의장을 나와 바닷가로 계속 갔다. 빌레가 넓게 펼쳐져 있고 가끔은 둥글게 원담인 것 같은 것도 있다. 태흥2리 어촌계를 알리는 팻말을 보며 잠시 서성이는데 트럭 한 대가 해녀 탈의장 앞에 정차하고 사람이 내렸다. 반가운 마음에 빠르게 다가가니 태흥2리 어촌계장님이었다.

어촌계장은 “태흥2리에는 멜이 많이 들어서 멜드는통과 구려원담, 애삐리원담, 덕투개, 펄개 등 5개의 원담이 있었다. 옛 어른들이 원담 이름을 짓고 그곳에서 멜을 잡았으나 마을을 개발하면서 원담은 없어졌다. 원담은 옛날 어른들이 둥그렇게 쌓거나 네모반듯하게 쌓기도 했다. 태풍이 불고 나면 담을 보수했다. 현대식 탈의장이 생기기 전까지 원담 돌 밑 양지바른 곳은 추운 겨울 좀녀들의 쉼터였고 대화 장소였다.

가장 오래 남아 있던 것은 애삐리원이다. 그것도 7~8년 전에 담이 허물어졌다. 태흥리에서 원담의 원형이 남아 있는 곳을 찾기는 어렵다. 원형을 가만히 놓아뒀으면 보기도 좋았을 텐데 여러 시설물들이 생기면서 없어져 버렸다. 탈의장이 생기기 전에는 원 안의 용천수가 나는 곳에서 목욕도 하고 좋았었다.

원담 안에 멜이 들면 한 명이 옆 사람에게 이야기하고 또 옆 사람에게 이야기하며 전달되었다. 멜을 건질 땐 족바지를 이용했고 없는 사람은 모기장을 이용하기도 했다. 마을에서 공동으로 작업하고 함께 나누었다. 판매하진 않고 끓이거나 지져 먹고 남은 건 젓갈을 담았다. 원담의 원형이 남아 있지는 않지만 원담이 있었던 자리에는 지금도 일 년에 한두 번은 멜이 든다. 마을회에서는 해녀 탈의장 부근에 원담을 만들어서 원담 체험 축제를 운영하고 있다"고 했다. 어르신이 하시는 말에서 사라진 원담에 대한 아쉬운 마음을 느낄 수 있었다.

서귀포시 대정읍 일과리와 동일리

장수원 앞에 있는 밭에서 마늘을 다듬고 있던 문순자(여, 1943년생) 어르신을 만났다. 그녀는 "원 안에서는 둥그렇게 생긴 곡식 치는 체를 가지고 가서 큰 돌 사이에 넣었다 돌을 다울리며 고기를 잡기도 했다. 지금은 물질을 하지 않지만 물질을 할 때는 바당에 가면 돈이 생겼다. 어려운 사람에겐 바당이 어멍 집보다 낫다. 좀녀로 물질할 땐 하루 3번 정도 물속에 들어갔다. 고무 옷이 나온 뒤엔 한 번 바다에 들어가면 오래 있었다.

불턱은 지금 있는 것과 같이 반뜻하게 세워져 있는 것이 아니라 바람을 피할 수 있는 오소록한 곳[둘레가 잘 가려져 드러나지 않는 곳]을 불턱으로 사용했다. 박정희 정권 때 시멘트가 나오면서 지금의 모습이 보였다.

장수원 주변에는 엉물과 삭시물, 웃등당물이 있다. 집에서는 동일리 홍물이 가까우나 엉물에서 주로 물을 길어왔다. 엉물은 물이 좋아 하루에 대여섯 번 물을 길었다. 어렸을 때는 어멍이 큰 되배기에 물을 담아놓으라고 시키고 일을 나가면 하루에 평균 다섯 번은 물을 길어왔다. 물때가 맞지 않으면 사발로 떠서 허벅에 넣었다. 물을 긷다 허벅을 돌에 부딪혀서 깨지면 오일장에서 200원을 주고 사 왔다(1960년대 초반)"고 말하며 수도가 없었던 시절 마을의 용천수에서 물을 길었던 이야기와 물질을 해서 자녀를 키운 이야기를 듣다 보니 한참 시간이 흘렀다.

대정읍 동일리에 있는 원담은 낮은 곳은 약 70cm이고 높은 곳은 약 100cm다. 넓이는 약 3m, 전체 길이 약 94m로 다른 곳의 담보다 긴 편이다. 원담은 다겹담으로 마을 쪽은 수직으로 바다 쪽은 완만한 경사로 쌓여 있었다. 원 안에 물이끼와 해초류들이 많았다. 담의 윗부분이 약 3m로 넓어 길로 이용되고 있으나 돌이 정리되지 않고 어지럽게 놓여 있어 걷기에는 불편했다.

마을 해녀 탈의장에서 만난 어르신은(여, 1957년생) "대정 서초등학교 앞 비린대원에서 멜과 성게, 보말들을 잡았다. 비린대원 가기 전에 엉늪이 있고, 엉늪 아래쪽에 돌코목이 있다. 난바다에[육지에서 멀리 떨어져 있는 바다] 물질 갈 때 원담 위를 걸어가기도 했다"고 한다.

동일리 망알원담

동일리 원담

서귀포시 대정읍 하모리

김성백 어르신은 원담에서의 고기잡이뿐만 아니라 풍선을 타고 바다에 나간 이야기를 들려주셨다. "하모 2, 3리의 원담은 정자 앞에 있는 산이물원, 동쪽으로 먹돌원, 새원, 알새원, 이방원, 고춘이원 등이 있었다. 담은 많이 허물어졌지만 해녀 탈의장 앞에 있는 새원의 담은 허물어졌어도 누구나 봐도 원담인지 알 수 있다. 원담은 옛날부터 내려온 거라 처음 쌓아진 것은 언제인지 모른다. 음력 삼월 보름 물이 최고로 쌀 때[완전 썰물] 청년들이 무너진 담을 보수했다. 멜이 많이 들어오는 원이 있고 안 드는 원이 있다. 물이 싸면 새원에서 먼저 멜을 뜨고 산이물원, 알새원 이렇게 물이 빠지는 대로 원담을 옮기며 잡았다. 모도리[돌목상어]나 수웨기[돌고래]도 원 안에 들어와 나가지 못해 갇히기도 했다. 산이물원 안에는 게시리가 많았다. 짠물이 나갈 때 물이 새거나 적지 않을 때 잡았다.

잡은 멜은 대구덕에 담아서 집으로 가져왔다. 많이 잡지도 못했지만 많이 잡아도 팔기도 그렇고 해서 남으면 불채[불재]와 적당히 섞어 묵혀서[발효시켜서] 거름으로 사용했다. 어떤 날은 뜨거운 물에 살짝 담갔다 건져서 말려 먹었다. 땔감은 낭, 보릿대, 주로 솔 섶을 주워다 쓰고 옛날에 보리 가슬래기와 소똥을 섞어서 사용하면 열도 좋고 오래 불이 붙었다.

원담 안에는 조수간만의 차이가 큰 다섯물에서 아홉물 사이에 멜이 잘 든다. 물때는 음력 8일이 한물이다. 9일은 두물, 10일은 서물… 열다섯물까지 한 달에 두 번 반복된다. 음력으로 초하루하고 보름이 제일 물이 쌀 때로 여둡물이다. 한물~세물까지를 조금이라 하고 이때는 조수간만의 차가 적어 고기들의 이동이 많지 않다.

바람 이름은 북풍을 하늬ᄇᆞ름, 동풍은 샛ᄇᆞ름, 서남풍 서갈ᄇᆞ름, 남풍 마파름, 서풍 갈바람, 서북풍은 섯하늬ᄇᆞ름이라고 한다. 여긴 남쪽이니까 하늬바람이 물이 잔잔해서 배 타고 나가기 좋다. 샛바람, 갈바람이 남으로 불어오면 파도가 거칠다. ᄎᆞᆷ들이[밀물, 만조]나 ᄌᆞᆺ세기[썰물, 물 쌀 때]에는 위험하고 조금 때 풍선을 타고 바다로 나가 고기를 잡았다. 하루 종일이라도 작업을 했다. 웨살 때는 조수간만의 차이가 셀 때이기에 바다에 나가지 않았다. 동력선이 나온 뒤 원담에 멜이 안 들어왔다. 멜 배가 불을 켜고 근해에서 뱅뱅 돌아버리니 멜이 불 따라가서 원담 안으로는 안 들어오는 것이다"고 하며 원담을 중심으로 마을공동체에서 활동했던 것과 거친 바다에서 풍선을 타고 고기잡이했던 이야기를 전해 주었다.

문공염 어르신은 동네에서 멜을 잘 잡는다고 소문이 났다고 한다. 사둘과 족바지도 직접 만들어 사용했는데 60여 년이 지난 지금까지 사용하고 있었다. 어르신이 가지고 있는 사둘은 지름이 약 240cm, 족바지의 지름은 약 106cm이다. "멜을 잡으러 산이물원, 방파제원, 새원, 이방원과 타 부락인 동일리까지 갔었다. 한창 멜 뜰 때는 이 바당 저 바당도 갔는데 지금은 너 바당 나 바당하며 곱[경계]을 가른다.

옛날에는 고기 낚으러 가자 하고 부락 친목회원 중 소질 있는 사람끼리 친목 도모도 하고 고기도 잡았다. 내가 어두운 밤에 사둘을 매고 돌담을 뛰는 것이 일 번이거든, 어딜 가든 전투기식으로 뛰었어. 멜도 놈들은 보시로 들면 하나도 안 드는 걸 나는 반 가마니씩 떴다. 원담 내에도 고기들이 모이는 곳이 있다. 1973년경 하루는 혹시나 해서 있을 만한 곳에 가보니 멜이 죽을 정도로 깔아져 있어 쌀가마니에 몇 개씩 걸었다. 잡은 멜은 경운기나 리어카로 실어서 처와 처형이 신도·신평까지 가서 팔았다. 처는 친정도 이 동네고 리어카로 끌고 가면 창피해서 멜 삽서 라는 말을 못 했지만 어찌어찌 팔고 왔다.

한번은, 집에 있는데 모두리원에 멜 들었다고 하는 거라. 물이 싼 걸로 봐서 멜 바닥이 나서 잡을 수는 없지만, 그 원이 사이원이거든, 바다 쪽으로 원이 있어 그곳으로 들어가면 잡을 수 있겠구나 생각하고 사둘을 조립해서 경운기에 싣고 바당으로 갔다. 앞의 원은 멜 바닥이 났고 바다 쪽 원에서 나만 멜을 잡았다. 동일리 사람들은 족바지가 작아 멜을 거를 수가 없었고 난 큰 사둘이라서 내가 멜 거르는 거 구경만 했다. 그때 꽃멜을 30질구덕을 걸었는데 어떻게 했는지 기억은 없다. 동일리에 있는 원담이지만 내가 멜을 걸어도 말은 못 했다. 그들은 기력[도구]도 없고 서로 다 아는 사람이니까.

원담 안에서는 우럭, 어랭이, 장글레기[장어와 비슷하게 생겼다], 장어도 잡았다. 복젱이는 사람이 죽는다고 해서 안 먹었다. 원에 물이 완전히 빠졌을 때는 감성돔을 손으로 한 번에 대구덕 2~3통을 잡아 팔기도 하고 동네 사람들 먹으라고 주기도 했다. 그때는 시세가 함시[그렇게] 좋지 않으니 팔아도 큰돈은 되지 않았다. 돔 같은 것은 생선회로 먹고 뼈는 매운탕을 해서 먹었다.

사둘의 그물은 60여 년 전에 왕대로 코바늘을 만들어 외실로 짰다. 라이롱도 아니고 면도 아닌 강한 것을 외실이라 한다. 그물코는 잡는 고기의 크기에 따라 다르게 짰다. 사둘의 둥그런 틀은 한라산에서 직접 해온 노가리나무인데 잘 썩지 않는다. 4·3사건 끝나자마자는 벌채 단속을 하지 않아서 가능했다. 사둘 자루는 소나무로 만들었다.

볼락그물은 우럭그물보다 구멍이 크다. 볼락그물에 줄로 해서 큰 코를 안과 밖으로 겹쳐서 넣으면 삼첩그물이 된다. 그 그물로 웽이[흑돔]도 잡았다. 웽이는 하도 커서 질구덕에 들어가지도 않는다. 멜이 많이 들던 시기지 이제는 웽이가 없다. 어머니는 돼지가 새끼를 낳으면 웽이를 다려서 어미 돼지에게 먹였다. 돼지에게 웽이 끓인 것을 주면 젖물이 좋아서 새끼의 판로가 좋았다. 따치나 미역, 몸 같은 해초도 넣어서 푹 과서 젖이 잘 돌도록 어미 돼지에게 먹였다. 사람이 먹어도 될 정도지만 웽이의 육질은 모두가 기름이라도 고기의 감칠맛이 없다.

멜을 말릴 때는 집에서 드럼통에 불을 때고 솥에서 삶았다. 삶을 물에 소금으로 간을 맞추는 것이 좋다. 멜은 솥에 바로 붓는 것이 아니라 채 닮은 그릇에 넣을 만큼 담아서 그릇째 솥에 드리쳤다[담갔다] 한 번 끓으면 그대로 꺼내서 널어야 한다. 소금을 적게 넣으면 왕상해서 다 부서진다"고 했다.

마을에서는 봄 나서 멜이 들 시기가 되면 원담을 쌓기 위해 이장里長이 반장班長을 통해서 주민들을 동원시켰다고 한다. 그때는 담이 허물어지지 않았어도 다니며 발이 상하지 않도록 손을 봤고 보수하는 데 참석하지 않아도 벌금은 없지만 공동체의 일이기에 안 가면 미안해서 모두 참석했었다고 한다.

문공염 어르신의 배우자는 "멜 판 돈은 쓰기가 아까워서 모였다가 고바치에 가서 옹기 한 줄을 샀었다. 옹기 한 줄은 물허벅, 쌀 넣는 것, 능생이, 아기허벅, 조막단지, 셋째비 등 12개다. 옹기를 짊어지기 위해 나락 짚으로 질빵[실로 엮어 땋아서 만든 짐을 짊어지는 줄]을 만들어 가니 어떤 할머니가 "야 아기 어멍아 옹기를 이걸로 지젠. 깨저그네 벌러질건디" 하며 두꺼운 우단으로 만든 질빵을 주며 다음에는 넓적하거나 둥그런 거 가져오라고

완성된 사둘을 들어 보이는 문공염

했다. 옹기를 옮기기 위해 하루에 두 번 고바치에 갔다 왕[와서] 그 뒷날 큰아들을 출산했다. 아이가 나올 때가 아닌데 힘들어서 빨리 나온 거 닮다. 그때 산 옹기에 자리젓을 담아놨었는데 얼마 전에 물 호수 줄에 걸려 깨졌다"고 하며 50여 년 동안 사용해온 물건인데 남편이 짐을 옮길 때 조심하지 않아 깨진 것을 아까워하며 남편을 쳐다봤다.

지금도 문공염 어르신은 원에서 우럭을 낚는다고 한다. 많을 땐 하루에 고망낚시로 20~30마리 잡을 때도 있단다. 엉장 같은데 구멍 난 곳에 낚시를 넣으면 고기가 문단다. 초가을이나 장마 같은 때는 원담에 매일 가지만 감귤 수확 철에는 밭에 가야 해서 바다에 갈 시간이 없다고 한다. 바다에 가면 좋고 마음이 편안하다고 하셨다. 사둘이나 족바지를 만드는 방법과 원담과 관련해서 교육이 필요하면 잘 가르칠 자신이 있으니 찾아오라고 하셔서 다음에 만날 것을 기약하며 헤어졌다.

맺으며

원담은 제주의 전통 어로 장치인 돌 그물이다. 원담은 공동체 소유로, 마을 사람들이 협동하여 돌담을 쌓고 관리를 하며 어로 활동을 했다. 그곳은 돌담이라는 물질문화 속에 공동체의 정신문화가 상호작용하는 공공의 장소였다. 원담에서는 밀물과 썰물의 자연 순환과 해양생태계의 이치에 적응하며 환경 친화적인 방법으로 고기를 잡는 지혜로움이 있었다.

오랜 세월 동안 원형이 남아 있는 원담에서는 작지만 지금도 고기잡이가 이루어지고 있다. 사람들은 물때에 맞춰 해산물을 채취하기 위해 원담을 찾는다. 때로는 돌 틈에 숨어 있는 고기를 잡기 위해 낚싯대를 꽂기도 한다. 원담에 돌고래가 갇혔다는 뉴스도 종종 접할 수 있다. 이는 어촌공동체의 상징 장소인 원담이 지속적으로 돌 그물 역할을 하고 있다는 것이다. 그러나 해안도로 개설과 항만을 개발하고 확장하며 원담의 많은 공간이 파괴되고 있다. 원담의 파괴는 제주인의 공동체적 삶의 지혜가 담긴 역사적 현장이 사라지는 것이며, 사라진 것의 원형회복은 힘들어질 것이다.

원담은 접근성이 용이한 장소에 있어 누구나 쉽게 찾던 곳이다. 그곳에서는 자연이 주는 것에 감사하며 필요한 만큼만 수확하였다. 또한 타인과 대동大同하고 협업 노동과 공동 분배, 이웃과 나눔의 미덕이 있었던 장소이다. 원담에 깃들어 있는 공동체 정신은 제주 사람과 제주로 이주하는 사람들이 조화롭게 상생할 수 있는 매개이자 융합의 상징으로서 활용 가치가 있다. 원담을 살리는 것은 제주의 공동체 문화의 자산을 살려내고 미래가치로서의 원담의 상징과 의미를 지켜내는 것이다.

원담 조사를 위해 현장을 다니며 많은 어르신을 만났다. 그분들은 직접 담을 보수했거나 고기를 잡던 분들로, 생생하게 당시의 이야기를 전해 주셨다. 그러나 대부분 고령이어서 언제까지 원담에 대한 기억이 유지될 수 있을지 모른다. 오늘은 원담 공동체와 어로 활동에 대한 기억의 기록이 가능했지만 그분들이 살아계실 때 맥을 잇지 못한다면 역사적 사실의 기억도 사라질 것이다. 더 늦기 전에 원담을 중심으로 행해졌던 공동체의 경험을 함께 공유하고 서로 지속적으로 관계를 맺을 수 있는 다양한 기회가 제공되어 후대까지 전승傳承되길 바란다.

인터뷰에 응해 주시고 삶의 이야기를 풀어 주신 모든 분께 이 자리를 빌려 감사 인사를 드린다.

참고문헌

고달익, 『제주시 수협사』, 제주시수산업협동조합, 1989

고광민, 『제주도 포구 연구』, 제주대학교 탐라문화연구소, 2003

권동희, 『드론의 경관지형학, 제주』, 푸른길, 2017

김봉옥, 『제주통사』, 제주발전연구원, 2013

김석익, 『탐라기년』, 제주문화원, 2015

김성보, 『제주시 수협사 100년』, 제주시수산업협동조합, 2017

김수희, 『근대의 멸치, 제국의 멸치』, 아카넷, 2015

김유정, 『제주의 돌 문화』, 서귀포문화원, 2012

______, 『제주 돌담』, 대원사, 2015

김진백, 『조선왕조실록상의 수산업』, 수산경제연구원Books, 2017

김필동, 「고려시대 契의 단체 개념」, 『현대 자본주의와 공동체이론』, 서울대학교사회학연구회, 1988

남제주군, 『남제주군의 문화유적』, 제주대학교박물관, 1996

서유구, 『佃漁志』, 김명년 옮김, 한국어촌어항협회, 2007

송성대, 『문화의 원류와 그 이해』, 각, 2001

안미정, 「제주 잠수의 어로와 의례에 관한 문화인류학적 연구」, 한양대학교대학원 문화인류학과 박사학위논문, 2007

이건, 「제주풍토기(濟州風土記)」, 김태능 옮김, 『탐라문헌집-교육자료29호』, 제주도교육위원회, 1976

이익태, 김익수 옮김, 『지영록』, 제주문화원 김봉오, 2019

이종수, 「공동체와 마을만들기」, 『한국사회와 공동체』, 다산, 2008

이청규, 『제주도 고고학 연구』, 학연문화사, 1995.

에드워드 렐프, 김더현 외 옮김, 『장소와 장소상실』, 논형, 2016

재레드 다이아몬드, 김진준 옮김, 『총·균·쇠』, 문학사상, 2014

정은희, 『제주 이주민의 역사』, 서귀포문화원, 2016

좌승훈, 『포구-제주의 땅 의미 찾기』, 나라출판, 1996

진성기, 『남국의 민속』, 교학사, 1980

주강현, 『돌살』, 들녘, 2006

제주고고학연구소, 『서귀포 상모리 유적』, 2016

제주도, 『세주도지(하권)』, 1982

______, 『제주도지 3권』, 1993

제주시, 『제주시의 문화유적』, 제주대학교박물관, 1992

한국문화원연합회제주특별자치도지회, 『제주도 접接 계契 문화조사 보고서』, 2010

한동구, 고영자 옮김, 『제주도-삼다의 통곡사』, 우당도서관, 2017

<마을지>

국립민속박물관, 『하도리-민속지』, 2007

서귀포시토평동마을회, 『토평마을』, 2004

월평동향토지발간추진위원회, 『다라쿳-월평동지』, 2001

의귀리지편찬위원회, 『말과 귤의 고장 의귀』, 2016

중문마을회, 『불란지야 불싸지라』, 1996

평대리장김성화, 『비자림 군락의 촌-평대리』, 1990

하원마을회, 『하원향토지』, 1999

한림읍동명리, 『동명리지』, 2009

화순리장박순영, 『화순리지』, 2001

화북동운영위원회, 『화북동향토지』, 1991

원담, 제주 바다를 담은 그릇

초판 1쇄 발행 2020년 12월 20일
지은이 정은희
발행처 (재)협성문화재단
부산광역시 동구 중앙대로 360(수정동) 협성타워 9층
T. 051 503-0341 F. 051 503-0342
제작처 도서출판 호밀밭
T. 070 7701-4675 E. anri@homilbooks.com

ISBN 979-11-90971-18-8 (03910)

※ 가격은 겉표지에 표시되어 있습니다.

이 도서의 국립중앙도서관 출판예정도서목록(CIP)은 서지정보유통지원시스템 홈페이지(http://seoji.nl.go.kr)와 국가자료종합목록 구축시스템(http://kolis-net.nl.go.kr)에서 이용하실 수 있습니다. (CIP제어번호 : CIP2020052367)